JN300568

「国の年金減額」に直面する経営者とその社員のための

ダメといわれた
日本版401kが
中・小企業と、社員を救う
―― 救世主「選択制退職準備給付制度」のすべて ――

一般社団法人選択制退職準備給付制度普及協会 編
代表理事　久保国泰（公認会計士）文責

創英社／三省堂書店

推薦の言葉

　一般社団法人選択制退職準備給付制度普及協会が新たに発足した事は誠に喜ばしいことと存じます。

　ご案内のように「国の年金」は「消えた年金」とか「忘れられた年金」として非常に問題になっており、自・公政権時代「100年安心の年金」といわれたものが、大変な状況になっており、新しい民主党、社民党、国民新党の連立政権にとっても、国民が本当に安心して過ごせる国民の年金制度を作成することが大きな課題となっております。

　こうした「国の年金」に対し補完的役割を果たすものとして発足したのが、選択制退職準備給付制度であります。

　「国の年金」が子どもや孫達の負担に依存して成り立つものであり少子高齢化が叫ばれている昨今では、制度そのものに大きな問題が生ずると言わざるを得ません。自分達の老後を子どもや孫達に託することは十二分の安心ができない。自分の老後のためには自分が働けるうちに少しでも蓄えておきたいという気持ちを大事にしたり、企業が従業員の福祉のため退職金に替わるものとしてできたのが、選択制退職準備給付制度ですが、残念ながら一部の大手企業にのみ留まり、従業員50人以下の小企業には全くといってよいほど普及していません。

　企業も従来の退職金に替わるものとしてこれを考え、小規模に至るまで普及して行きたいものであり、特にこれから問題となる郵政の民営化の見直しの一環としても是非取り上げ、一般の国民の「自分の年金」として普及させていただきたいものと思います。

　選択制退職準備給付制度普及協会のますますのご発展をお祈りいたします。

平成21年9月吉日

　　　　　　　　　　　国民新党副代表　参議院議員
　　　　　　　　　　　　　　　　　　　亀井郁夫

目　次

推薦の言葉　国民新党副代表　参議院議員　亀井郁夫

一般社団法人選択制退職準備給付制度普及協会のご挨拶 …………………1
はじめに ……………………………………………………………………………5

第1章　「先送り」をやめ「自分の年金」を作る。GM倒産の教訓 …13
第2章　「国の年金」は実質半減する ………………………………………25
第3章　「国の支援」を活用し、「自分の年金」を作る …………………35
第4章　折り紙で理解する「国の支援」の仕組み…………………………45
第5章　「国の支援」を活用し、社員のためになる新しい「企業制度」
　　　　を作る……………………………………………………………………53
第6章　驚くほどの活用効果。「国」と「企業」の協力で社員の「自
　　　　分の年金」支援……………………………………………………………67
　(1) 国の支援だけの場合………………………………………………………72
　(2)「企業も支援」の場合。事業主負担社会保険料減額効果の活用…73
　(3) それぞれが単独で準備。制度の総合効果を活用しない場合……77
　(4) 企業支援は会社負担でなく、会社にもプラス………………………78
第7章　新しい企業制度としての「選択制退職準備給付制度」…………81
　(1)「先送り」をやめる ………………………………………………………83
　(2)「選択制」で社員の自主努力を支援 …………………………………88
　(3)「21世紀の公的年金」を前提とする、「国の年金減額下の生活
　　　設計」として………………………………………………………………92
　(4) 企業負担でない「国の支援」活用………………………………………99

目　次

第8章　どのように「新しい企業制度」を用意するか？……………103
　（1）「必要性」と「国の支援」効果。社員に「本当の理解」を求める…107
　（2）「社員の権利保護」を完全にする「改良」案としての提案……111
　　（イ）「選択制」こそ、より受け入れやすい「改良」提案…………112
　　（ロ）社員の「自分の年金」作りへ、「国の支援」をつなぐ企業制度…113
　　（ハ）新方式は社員の権利保護が目的……………………………115
　　（ニ）賞与的退職金制度の創設……………………………………117
　（3）規約承認を「国」から得る。総合型確定拠出年金の活用………118
　（4）ひとりひとりの社員に説明し、理解を求める……………………125

第9章　これまでの退職金制度をどのように転換するか？…………131
　（1）「自分の年金」を作る。「社員の不安」に応える…………………134
　（2）「選択制」であること………………………………………………135
　（3）既存の「確定給付型退職金制度」の具体的転換…………………138
　　（イ）「毎年の後払い給与相当額」の現在給与への上乗せ支給………138
　　（ロ）過去勤務期間対応の退職金……………………………………139

第10章　「国の年金減額下の生活設計」で、「生活の安定」を………143
　（1）企業制度として社員別データがあらかじめ用意された、社員別サービス………………………………………………………149
　（2）平均データとの比較での計画作り…………………………………150
　（3）「国の年金減額対策」としての生活設計……………………………151

第11章　「無理のない運用」を。投資は必ずリスクがある……………153
　（1）「無理のない運用」を。投資は必ずリスクがある…………………155
　（2）少しずつの勉強と体験………………………………………………161

第12章　アドバイザーの役割。信頼出来る「業務代行サービス」選択を………………………………………………………………167

第13章　オバマ大統領も中小企業格差是正の 401_K 改革を即日実施。日本は？ ……………………………………………175

ご参考1　「投資教育」と「業務代行サービス」………………185
ご参考2　社員のための「国の年金減額下の生活設計」………189
 A.　「生活設計」はなぜ必要か？……………………………189
 B.　目標は「国の年金減額」分の確保 ……………………195
 C.　目標実現が可能である条件。「国の支援」の完全活用と企業協力 ………………………………………………………198
 D.　最初のステップ。簡単な「社員別レポート」方式 ………200
 E.　企業制度として利用出来る簡単な仕組み。様々な問題を考える「生活設計」…………………………………………202
 F.　どれだけ投資出来る？「運用原資の増加」と「運用の工夫」へ …207
 G.　「国の年金」減額下の保険の見直し。「生活設計サービス」として ……………………………………………………211
 H.　無税で用意出来る「自分の年金」と総合的な保険活用 ………216
 I.　「国の年金」を増やす繰り下げプラン……………………218
 J.　50歳代からの「セカンドライフ・プラン」。新しい21世紀へ …220

おわりに ……………………………………………………………223

一般社団法人選択制退職準備給付制度普及協会のご挨拶

　制度に基本的問題を抱えながらも、社会インフラとして根本的変更が出来ない「国の年金」制度を補完することを目的として、用意された確定拠出年金法の普及が遅れています。本来それを必要とする中・小企業はその存在すら知らない。

　活用する「企業制度」がこれまで確立していないためです。

　「確定拠出年金法」は、退職金制度を税制上支えてきた「税制適格年金」や「退職給与引当金」を代替する税制支援等のため国が用意した「受皿」です。

　「受皿」はそれを活用する企業側の「企業制度」が必要で、「受皿」を本格的に活用するための前提です。

　それが「選択制退職準備給付制度」です。将来の経営に大きい負担になり、社員の権利保護にも問題があるとして、長年利用されて来た税制上の「受皿」まで廃止して、転換を求められている古い「企業制度」の問題点を克服し、新しい時代の要請である「国の年金」補完し「自分の年金」を作る21世紀の「企業制度」です。
　それを普及する目的で設立した団体です。

　「企業制度」を確立し普及することで、日本版401Kはこれからどんどん活用されるでしょう。アメリカで既に30年の歴史がある素

一般社団法人選択制退職準備給付制度普及協会のご挨拶

晴らしい制度だからです。

　「国の年金」補完策として提供されることでアメリカ以上の普及は必至です。「企業制度」としての普及ですが、制度の目的は社員の「自分の年金」作りです。

　すべての社員は「国の年金」に不安を感じています。若い社員はもう自分達のころにはないとまで諦めています。それを補完し、「国の年金」と併せて安心出来る将来への「自分の年金」作りです。

　その拠出分には課税も社会保険料も賦課しない大きい「国の支援」がある。「国の支援」を社員のために実現出来る「企業制度」です。

　国からはこのままでは社員の権利保護が問題として変革を求められ、成長が終わった企業の将来の経営に大きい負担になることを、自らの倒産で世界の企業に示したGMの轍をふまないための新しい21世紀の「企業制度」です。

　革新的企業として知られる運輸業界のY社を始め先進的企業では実施例も多くあります。
　制度そのものは難しいものではありません。

　しかし「選択制」です。社員のご理解が前提です。「選択制」であるが故に制度としてこれまでの企業制度以上の社内業務が複雑になります。このご支援が必要です。

一般社団法人選択制退職準備給付制度普及協会のご挨拶

　社員には「自分の年金」作りです。
　「自分の年金」も「自分の貯金」もやりかたに大差はありませんが、課税も社会保険料賦課もない「国の支援」は大きいチャンスです。
　その実現のためにこれまで誰も経験したことがない「国の年金減額下の生活設計」を工夫します。

　「国の支援」は社員の自主努力を促すものであり、新しい時代はひとりひとりの自主努力こそが、すべての問題への解決の鍵だからです。そのための「生活設計」が大事です。

　この活用は「国の年金不安」の中で世界にも稀な「少子高齢化」社会を迎える日本では、すべての厚生年金加入社員が必要な制度です。

　「企業制度」ですから本来は企業経営者の役割です。
　多忙な経営者に代わり「業務代行」サービスを提供させて頂く専門家の集団です。

　「国」はこの制度の早期普及を図るため、制度支援業務に敢えて特別な資格制度を指定しませんでした。しかし大事な制度です。
　「国の支援」が単なる「節税サービス」に終わるのでなく、正しい普及を図るべく、知恵を結集し、制度の目的を見失うことなく「心のあるサービス」をご提供することを目的として研鑽を積む会員が所属する協会です。

一般社団法人選択制退職準備給付制度普及協会のご挨拶

　この制度は、少しずつ、減額する「国の年金」を補完しながら企業制度として社員が「自分の年金」を用意することで「安定した生活（確定拠出年金法の目的)」を実現可能とする制度として発展し、21世紀前半の社会インフラになります。

　その実現に微力を尽くす集団です。法と社会が求めるサービスを、社員ひとりひとりを大事にされるすべての企業にお届けしたいと念願しています。

　　　　　一般社団法人選択制退職準備給付制度普及協会
　　　代表理事　久保国泰（公認会計士）
　　　代表理事　金井博基（税理士）（関西地区代表）
　　　代表理事　佐藤三男（社会保険労務士）
　　　　　監事　権藤龍光（弁護士）

はじめに

　目的は今日本中の人が不安に思い、対策を求めている「国の年金」対策です。

　「国」はすでに明確に対策を打ち出しています。
　実に賢明な、壮大とも言える一連の対策です。当時の立法者に心からの敬意を捧げます。

　残念ながら我々はそれに気がつかないでいました。少なくとも筆者はその一人です。

　それはこの100年の日本の社会の大きい変動を俯瞰し、総合的にそれぞれの意味を考えることで始めて理解出来るからです。
　(第1章ご参照)

　恐ろしい程の社会変動です。世界の歴史にも稀ともいえるかと思います。我々の出来ることは限られています。
　しかし行動しなければ確実に暗い未来です。

　世界最大の企業であるGMが辿った悲劇を、日本という「国」全体で繰り返すことになります。

　21世紀の初めにおいて関係者の努力は極めて重要で貴重です。
　2000年の「退職給付会計基準」の公表、2001年の確定拠出年金

はじめに

法の施行、古い企業制度を支援する退職給与引当金と税制適格年金の完全廃止、そして2004年の「国の年金減額改正」。すべてリンクしている施策です。

　中心は確定拠出年金法です。その第1条こそ、簡潔な表現ですが実に21世紀の日本のありかたを示唆した目的です。

　第1のキーワードは「自主努力」です。

　目的は「自分の年金」作りです。

「自分の年金」作りのために「国の支援」がある。
　根拠法が確定拠出年金法ですが、大企業には兎も角、中・小企業にはほとんど普及していない。「国の支援」が一番必要な中・小企業への普及こそ必要です。
　2009年9月5日オバマ演説もアメリカの401$_K$普及に中小企業格差是正を求めての対策です。日本では中小企業に対し金融機関が提案すらしていない事例も多くあります。

　本当に必要なのは金融機関の確定拠出年金サービスではなく、企業自身とその社員の意識変革と、それに伴い社員の「自主努力」を支援出来るための「企業制度」改革です。

　第2のキーワードが「生活の安定」です。

はじめに

20世紀は「豊かさ」を求めての競争時代でした。

「豊かさ」は相対的です。必ず50%の人は敗者です。成長経済を牽引するのは必要でも、社会に歪を生みます。「生活の安定」はすべての人に可能です。

真面目に努力すれば、すべての人にもたらされる「心」の問題だからです。

必要なのが「国の年金減額下の生活設計」です。未だ誰も直面していません。

しかしすべての日本人が向き合わざるを得ない問題です。

本書が具体的に提案するのは「国の年金」対策であると冒頭に述べていますが、ここでの提案は「国の年金」制度そのものの改革ではありません。

それは政治の問題であり、そして非常に難しい問題です。

しかし我々は「企業制度」を変えることは出来ます。

2000年の「退職給付会計基準」の発表から始まる一連の対策はそれを促すものです。

確定拠出年金法はその新しい「企業制度」へ税制等支援を可能にする受け皿です。廃止された退職給与引当金や税制適格年金（2011

はじめに

年廃止）に代わる「国の支援」制度です。

新しい受け皿を活用する、新しい「企業制度」が必要です。

債務を将来に「先送り」する「確定給付型退職金制度」の改良です。

同時に「国の年金」対策であり、「自分の年金」作りです。それに「国の支援」をつける。

それを「企業制度」として導入する。新しい国の年金減額時代へ対応出来る「企業制度」です。

言い換えれば「国」と「企業」と「社員」が協力して、世界一の高齢化社会に備える新しい本格的退職準備を支援する。

驚くべき効果があります。（第6章ご参照）

完全活用すれば「国の年金」減額予測を充分カバー出来ます（予定運用収益率2％程度の場合）。

「企業制度」を改革する一連の施策は2000年の「退職給付会計基準」から始まり、「国の年金」減額関連法を2004年に導入。その最終期限が古い支援制度である「税制適格年金」を完全に廃止する2011年度です。

この一連の流れを、それを必要とする社会的変化を含めて総合的に理解すべきです。

それは世界に稀な少子高齢社会の恐ろしいほどの激変です。（第1章ご参照）

しかし目的を、20世紀の高度成長時代の「豊かさ」ではなく、誰でもが達成可能である「生活の安定」（確定拠出年金法第1条の目的）に置き、企業が協力し、社員ひとりひとりが「自主努力」を積み重ねれば、21世紀に新しい社会が確実に到来します。

既に革新的経営として著名な運輸業界のY社と、衣料等の製造販売での革新企業F社はいち早くこの方式を導入しています。
大企業だけではない。どんな企業でも実現可能です。

その意味で既に革新的企業で先行している制度の当然過ぎるご提案が、その第一歩になり、21世紀の少子高齢社会で、企業を繁栄させ、社員に「安心」を与える「企業制度」になることを期待しています。

筆者はこの簡単な企業制度提案に辿り着くまで、多くの人のご指導を受けてきました。

それは本当に多数の皆様です。そのご恩は返すことの出来ない程です。

はじめに

　すでに故人になられた人もいます。筆頭は有沢広巳教授です。戦後の日本経済の復興を指導され、お亡くなりになる前に「日本は戦後賠償を放棄して、復興を助けてくれた中国にどれだけ感謝しても感謝し切れない。自分は一個人としても感謝を尽くすので学者として、生涯にわたり集めた蔵書を寄付する」と諭されました。その中には貴重なマルクスの資本論の初版本が含まれ、それは中国の精華大学でガラスケースの中で大切に保管されているようです。

　その教えが筆者と中国の関係の始まりであり、この事業も中国の関係者により漸く開花しようとしています。

　もはやすべての方にご恩を返すすべもなく、ただご冥福をお祈りするばかりです。

　これだけの事業は一人で出来るものでなく、多くの関係者のご助言と暖かい励ましがありました。辿り着いて見れば当然のことですが、道に迷っている筆者を絶えずご指導して頂いた方のすべてのお名前を挙げ感謝させて頂くべきですが、数名だけをお許しを得て記録させて頂きます。

　香川洋子氏、田中和男氏、そしてTKC関連で40年余の変わらぬご支援を頂戴した税理士の水上保冶先生、青木郁二先生、牧内操先生、飯塚勉先生を始め、TKC関連では多くの先生方のご厚情を賜りました。故人になられた飯塚毅先生を始め多くの方々から、多くを学ばして頂いたことを特記してお礼を申し上げます。

はじめに

　このサービスは「自分の年金」を作る年金事業ですが、それを実現するための企業制度である「選択制退職準備給付制度」としてご提案し、特に中・小企業へのサービス展開に「業務代行サービス」をご提供するものです。
　「業務代行サービス」ですからシステム化が必要であり、そのシステム開発は前記の関係もあり中国で行いました。

　その長い苦労を続け、ともすれば挫折しようとする筆者を逆に励ましたのが聶梅氏です。
　事業開始後は可能な限りの部分を運営コストの安い中国にBPO委託し、コストの安いサービスをご提供します。

　このサービスはいずれ中国にも必要として、日本企業のための事業化に経営と資金の両面で協力してくれたのが聶梅氏とその友人の陳群氏です。両氏は武漢大学出身です。

　武漢大学は戦争中に日本軍の司令部になっており、そこには軍が桜並木を作りました。戦争中は様々な不幸なことを桜の木は見守ったと想像します。しかし今ではその桜並木は立派になり、市民に愛して頂いているようです。

　この事業も有沢先生の「感謝の心」が結実したものかと思います。

　それを筆者はどのように残された時間で社会にお返し出来るのか途方にくれるばかりです。

はじめに

　そのひとつが小さい努力ですが日本と中国の交流の進展です。前記両氏のお手伝いをさせて頂き中国経済に少しでも貢献すること、それは反面では日本の中小企業の発展にも些かのお役に立てるのではと考えます。

　いろいろ問題は指摘されても、日本の1億人、アメリカの3億人、そしてEU全体でも2億人の人口の社会は、中国15億人の社会と正面から向き合い協力することで、少子高齢社会の本当の解決策があります。

　最後に筆者の未だに続く長い「山登り」を支えてくれている家族に心から感謝します。

文責　久保国泰

（公認会計士）

第 1 章

「先送り」をやめ「自分の年金」を作る。
GM倒産の教訓

第1章 「先送り」をやめ「自分の年金」を作る。GM倒産の教訓

21世紀に入り、はやくも10年が経過しようとしています。

21世紀という表現は大袈裟ですが、未曾有の高度成長期であった20世紀と比較すると、本当にピッタリです。

若い「働き手」の減少。高齢者の年金受給年代の増加。世界一の高度成長国であった日本が縮小時代に入っていたのは1990年代からです。

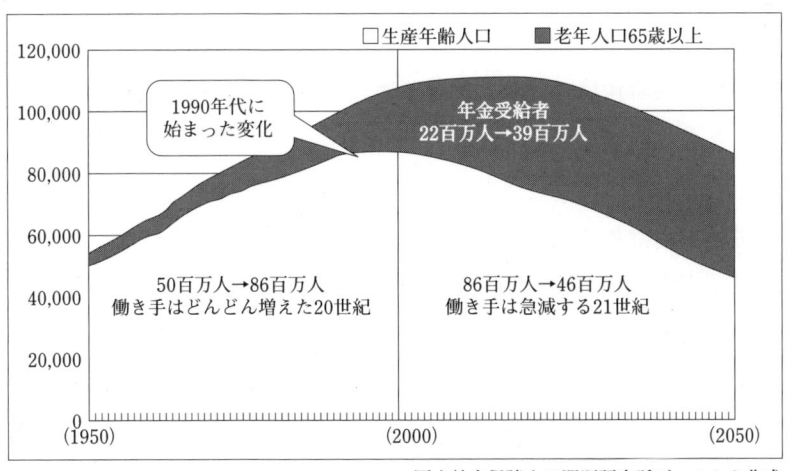

□ 生産年齢人口　■ 老年人口65歳以上

1990年代に始まった変化

年金受給者
22百万人→39百万人

50百万人→86百万人
働き手はどんどん増えた20世紀

86百万人→46百万人
働き手は急減する21世紀

(1950)　(2000)　(2050)

国立社会保障人口問題研究所データから作成

「少子高齢化」は、家族の中では明確になっています。

働き手の子供がたくさんいて家族全員で働いている家庭から、子供は一人で、あとは家で留守番をしている老人だけの家庭になるこ

とです。

　国全体でそのような変化が、そして町でも、家庭でも同時に起きている。こうした大きい社会の変動に、気づき、それに備えることが必要です。

　自分たちの考え方や、経営と経済の仕組みを変えることです。

「先送り」をやめることです。

　高度成長時代は、今解決出来なくても経済が大きくなれば解決することも可能でした。

　明日を期待して、今努力すれば、必ず解決して、将来はよくなるのが「高度成長時代」でした。
「今は我慢しても、明日がよくなれば、酬いられる」。

　この考え方が「高度成長時代」は正しい考え方で、努力すれば実現出来る社会でした。　人生で言えば「若い20代、30代」です。

「50代、60代」は違います。「今実行し、それが実現する」ことがなによりも大事です。

「今は我慢しても子供を育てる。子供が将来は何とかしてくれる」

これも「先送り」です。家族の中では、こうした考え方はもう完全になくなったことでしょう。

しかし社会や経済の仕組みは、簡単に変えられません。
「高度成長時代」の「先送り」の仕組みが残っていることは止むを得ないことです。
それが間違いであることに大きい警鐘を鳴らした事件がありました。

世界最大の企業「GMの倒産」です。最大の理由は、人件費関連費用負担の「先送り」といわれます。

『なぜGMは転落したのか？ アメリカ年金制度の罠』
ロジャー・ローウェンスタイン著（日本経済新聞社）

経営陣は「現在の業績」を最大にしたい。労働組合UAWは「労働者の生涯の生活」を永続的に最大にする保障を考えます。経営者は「現在の業績」を維持するためには、今期の「賃金の増加」は我慢してもらう。現在の賃金だけでなく「労働者の生涯生活保障」を最大にしたい労働組合UAWは「現在の賃金増加は我慢するが、将来の年金・医療は増やす約束を獲得」を目指す。
　両者の利害は「負担の先送り」で一致します。

この仕組みはGMがどんどん成長し、絶対つぶれないことが条件です。

第1章 「先送り」をやめ「自分の年金」を作る。GM倒産の教訓

20世紀のGMの社長も、労働組合UAWの委員長もGM倒産とは夢にも考えなかったのですが、自動車産業は少なくともGMのやり方では生き残れなかった。世界最大の会社でも「負担の先送り」は業績が悪化した場合は大きい負担です。

倒産時の現役社員23万人（内アメリカ国内9万人）が49万人の退職者の年金と医療費を負担する。GM倒産の一因となり、結果として「先送り」の約束を得たUAW委員長の期待を裏切ったのですが、驚くべき負担を今日まで背負ってきたGMも立派です。

同じ問題が日本では社会全体におきようとしています。

「国の年金」と「確定給付型退職金（企業年金）」の組合わせで、日本全部が巨大なGM方式です。いずれも「先送り」の仕組みです。

次世代が負担する「国の年金」、退職時または退職後の社員が負担する「確定給付型退職金（企業年金）」。いずれも若い人がどんどん増える「高度成長時代」の仕組みです。

もはやどんな企業も維持出来ないでしょう。
日本一の高給で、日本を代表していた企業であるJALも同じ企業年金問題を経営改革の条件として、その大幅減額が突きつけられています。

国はこの問題に解決策を、既に3重の施策で明示しています。

第1章 「先送り」をやめ「自分の年金」を作る。GM倒産の教訓

　第1が2000年の「退職給付会計基準」の発表です。

　不明確であった退職金債務を企業債務として明確に認識するよう求めたものです。

　債務明示をして、その将来負担を明らかにするのは高度成長時代の「先送り」経営への警告です。

　2012年にはこの会計基準は更に強化され、一切の積立不足分は即時拠出（損金計上）を求められ、大きい経営負担になります。その金額は2005年3月末現在13兆円とも報じられています。（日経）

　これは日本の企業経営には実に看過することの出来ない大きなハードルです。

　第2が「国の年金」を補完する制度としての2001年の確定拠出年金法の施行です。

　「自分の年金」を作る。

　日本版401$_K$はアメリカの1978年に比べ4半世紀遅れですが、漸く用意されました。

　確定拠出年金は名前の表示するように「現在の拠出」分だけ、かつそれを選択した社員だけに税制等の支援を与える新しい制度の受

第1章 「先送り」をやめ「自分の年金」を作る。GM倒産の教訓

皿です。
　「先送り」方式からの完全な決別です。確実な社員の権利保護です。

　第3の施策が、「先送り」の企業制度である「確定給付型退職金（企業年金）」への中途半端な税制上のサポートを一切やめ、その制度転換を直接かつ明確に促したことです。

　2001年に即時廃止の「退職給与引当金」と、2011年度まで10年間廃止が猶予された税制適格年金の廃止です。いずれも将来の支払いを約束する「確定給付型退職金（企業年金）」の受皿です。

　廃止する目的は「社員の権利保護」です。将来に先延ばししても本当に払うことが出来るのか？　GMの悲劇を回避するためです。

　受皿の廃止は、新しい「企業制度」への改善を求めるためです。

　新しい時代の「企業制度」はなにか？

　ある企業は従来の「確定給付型退職金（企業年金）」を維持します。GM以上に将来の経営に本当に責任を持てる企業だけが可能な制度です。
　確信がない場合はGM49万人の退職社員の悲劇を繰り返すことになります。

受皿が廃止されたので「確定給付型退職金（企業年金）」をやめてしまう。

新しい企業は最初から作らない。経営の立場では正しい判断です。

社員も将来もらえるか分からない「確定給付型退職金（企業年金）」より、給料が確実にもらえることが優先です。

しかし企業と社員はもうひとつの、とんでもなく大きい「先送り」制度を負担しています。

「国の年金」です。企業は社員に代わり、またその一部を負担して「厚生年金保険料」を源泉納付し、社員の退職後の生活を「国の年金」に先送りしているのです。

それが減額になる。企業の退職金制度のように簡単に転換は出来ない。

実質減額方式が法定化されたのが2004年です。
明確な国の警報であり、対策を促す意思表示です。

その対策法でもある「確定拠出年金法」を、既に2001年に国は用意しての極めて慎重な減額実施です。

「国の年金」が減額になるので「自分の年金」を作る。それに対

して「国の支援」をする。

「自分の年金」を作る分には「税金と社会保険料」を免除。
これは大変な支援です。
この制度を国は既に 2001 年に用意している。

「国の支援」を活用出来るような「企業制度」を用意する。
これは企業の責任です。

ご提案する企業制度が「選択制退職準備給付制度」です。
その受皿が「確定拠出年金」です。
目的は社員が用意する「自分の年金」を作る努力に「国の支援」をつなぐことです。

先送りの「確定給付型退職金(企業年金)」転換は、経営の立場では正しい判断でも、社員には、これまでの退職金は「退職時給与比例給付」という意味で実に魅力的な既得権です。

「将来給付」の約束は、履行されるかどうか分からないので「社員の権利保護」にはならないと「国」が対策を促しても、誰も自分の勤務先が第 2 の GM になるとは考えない。

転換には社員のためになる魅力的改良策としての提案が必要です。

社員の将来を考え、社員が求めそれに努力する「自分の年金」作

りに「国の支援」を活用出来る「選択制退職準備給付制度」の提案は、社員に充分に魅力ある、かつ簡単な改良策としてどんな社員にも充分納得出来るでしょう。(詳細は第7章、第8章ご参照)

　反面「選択」制度業務そのものは企業にも社員にも簡単ではない。

　税務申告手続きだけで済んだ「退職給与引当金」とは大違いです。

　「国の年金」の減額問題はあまりに大きい問題です。対策である「国の支援」効果も実に大きい。こうした大きい支援を活用することで、社員に「将来への安心」を用意する。

　本当に可能にするのは「国の支援」ではない。「国の支援」が促すのは社員の「自主努力」であり、「自主努力」のためのガイド役としての「国の年金減額下の生活設計」が必要です。

　この「生活設計」は誰も経験したことのない「国の年金減額下の生活設計」です。

　「自主努力」こそがキーであり、また社員も自分で本当に将来を考える時、それを本当に可能なのは自分だけの努力でなく自分の勤務先の経営安定と発展こそが自分と家族の現在と将来の生活の基礎であることに必ず気づきます。

　この新しい制度の提供で「自主努力」をする社員を育て、激励す

ることで、少子高齢化時代の経営が大きく発展します。

　20世紀の「先送り」経営からの脱却に、GMの破綻を「他山の石」として、21世紀への経営の舵取りへのご努力を期待します。

第2章
「国の年金」は実質半減する

第2章 「国の年金」は実質半減する

　2004年まで政府は「国の年金」は「現役時代収入の6割確保」「完全物価スライド*」で「安心の年金」と約束していました。

＊「完全物価スライド」とは物価が上がれば、同じ割合で年金額も上げる方式。結果として将来の物価変動を心配しないで済みます。

　ほとんどの人は「政府の約束」を信じていませんでしたが、2009年5月の政府公式予測でも、それが5割を切り、今や日本の社会の主流派である、ダブルインカム世帯（共働き）では現役時代の収入の4割を切るとまで暗い報告をしています。

　「国の年金」は「賦課方式」という難しい仕組みですが、要は「世代間扶養」の仕組みです。

　「自分の保険料」は「自分の年金」にそのままなるのでなく、現在の年金受給者へ支給する「他人の年金」になる。

　GMの現役社員23万人が49万人の年金を負担する。

　子供が親の面倒を見る。同じ仕組みです。

　家庭ではもはや誰も考えていない。

　こうした方式で経営してきた世界最大のGMも倒産です。しかし国の制度であり、社会の仕組みとして、すべての国民がそれに依

存している制度はなかなか変えられません。

　現在年金で生活している人と、まもなく年金をもらう人も「国の年金」は必ずもらいたい。
　「自分の保険料」は「他人の年金」になる仕組みと説明され、なんとなく変な仕組みと思っています。

　仮にこれから新しい年金制度を最初から作るのであれば、「自分の保険料」は必ず「自分の年金」になる仕組みをすべての人が選択するでしょう。

　それでは現在の「国の年金」をすぐやめてしまいたいのか？
　それは出来ません。

　全国の家庭で「国の年金」をもらわないで生活出来る家庭がどれだけあるのでしょうか？

　先にご説明したように「国の年金」は現在の加入者（前記の人口予測では生産年齢人口）が保険料を払い、その保険料を年金受給者が年金として受け取る仕組みです。

　生産年齢人口と年金受給者の割合は次のグラフで示すように1950年ごろは0.1ですから、10人の加入者が年金受給者一人を支える関係でした。

2050年には0.9に近づきます。大雑把にいえば一人で約一人です。これは大変です。一人っ子の家庭で、自分だけで親の面倒をみるようなものです。

これまでは兄弟・姉妹がたくさんいれば「親の面倒」は共同責任でした。

そうした年金制度は、このままでは維持出来ない。このことも残念ながら確実です。その冷たい現実に誰も目をそむけることは出来ないでしょう。

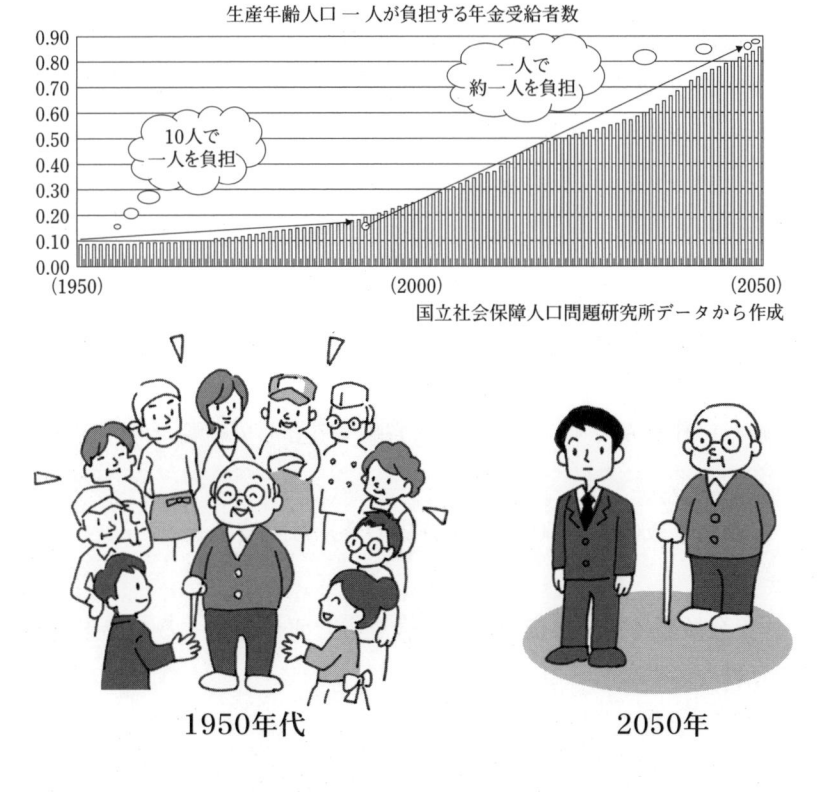

生産年齢人口 一人が負担する年金受給者数

10人で一人を負担

一人で約一人を負担

(1950) (2000) (2050)
国立社会保障人口問題研究所データから作成

1950年代　　　　　　2050年

第２章 「国の年金」は実質半減する

　仮に「国の約束」のように、現役時代収入の半分程度の年金を、年金受給者に提供しようとすれば、自分の収入の３割を保険料として負担しなければならないのです。

　現役社員が50万円の給料から３割の保険料を負担すれば年金は15万円払えます。現役社員の手元に残るのは35万円です。これから税金など負担すれば手取り収入は30万円程度です。だから年金15万円は現役社員の手取り収入の約５割になります。

　現在の厚生年金保険料は事業主負担分を含め予定されている値上後も18.3％です。必要な３割負担に保険料を値上げすれば保険料は引上後18.3％から更に６割増を受入れなければならない。
　しかし政府はこれ以上絶対に値上げしないと約束しています。

　そうであれば年金受給額を減額するしかない。既に年金の減額は2004年の年金法改正で、「マクロ経済スライド方式」という難しい仕組みで法定化されています。

　難しい仕組みですから、詳細は省略するとして結論だけ言えば、

「現在30歳の人の50年後（80歳の時）は実質半減」。

「年金減額は毎年人口変動の割合を少しずつ調整するので年齢により異なる影響」。

という仕組みです。誰もがこの現実に必ず向き合わねばならないのです。

それがそれぞれの「対策」につながります。

大事なのは「対策」です。「国の対策」ではない。年金減額に直面している日本中のすべての社員の「自分のため」の、「自分の対策」です。

そのためには「年金減額」の仕組みを、「自分の減額」として理解することが必要です。

これがまことに難しい。奇妙なことに年金受給額は「名目的には減額しない」からです。

非常に巧妙な仕組みです。

毎年の年金減額を「物価上昇スライド分」から調整減額する仕組みです。

仮に現在の月額年金を20万円とします。物価上昇が2%程度毎年継続すると、完全物価スライドすれば2004年改正法前までは30年後の年金月額は約36万円になる筈です。

しかし現在の人口変化予測を物価スライド分の調整に織り込む

第２章 「国の年金」は実質半減する

2004年改正後の試算では約27万円程度の年金額にとどまる。

　物価は2％上昇の前提ですから現在20万円の生活費は、同じ生活水準を維持しようとすれば約36万円必要。これに対して年金は約27万円程度にとどまるのですから、他の収入がなければ生活は現在の年金生活者の約7.5割程度の水準で我慢しなければならない。

　これが年金減額の実態です。年金は名目金額では減額されない。生活費との比較で初めて実感出来る実質減額です。

　20万円の年金は27万円に増額される。しかし生活費はそれを上回る36万円です。

　「知らないうちに減額」です。これは困ります。自分での対策が出来ないからです。

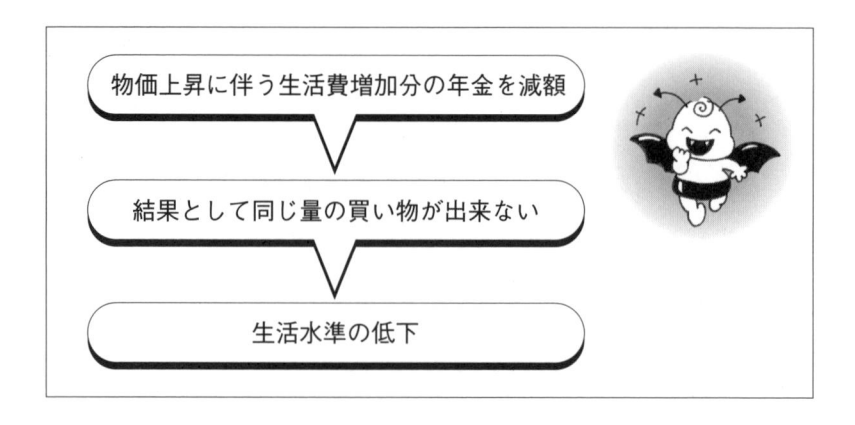

```
┌─────────────────────────────┐
│ 物価上昇に伴う生活費増加分の年金を減額 │
└─────────────────────────────┘
              ▼
┌─────────────────────────────┐
│ 結果として同じ量の買い物が出来ない      │
└─────────────────────────────┘
              ▼
┌─────────────────────────────┐
│        生活水準の低下               │
└─────────────────────────────┘
```

こうした方式を当時の経済産業担当相与謝野氏は「悪魔の政策」とまで評しました。

　年金が実質減額になる事実を知らなければ、誰も対策を取れないからです。

ご参考：2004年改正法の仕組み

	改正前	改正後
加入期間中改定率	平均賃金変動率	平均賃金変動率 × 調整率
受給期間中改定率	物価変動率	物価変動率 × 調整率

1. 調整率 = 加入者変動率 × 平均余命伸長率 = 0.9877
2. 加入者変動率：国立社会保障人口問題研究所の2050年までの生産年齢人口予測
3. 平均余命伸長率：法定率

第3章
「国の支援」を活用し、「自分の年金」を作る

第3章 「国の支援」を活用し、「自分の年金」を作る

子供に頼れない。

　自分のことは自分で守る。当然のことですが、「自分の年金」を作る。これが対策です。「他人の年金」の負担をしながら、「自分の年金」を作る。これは簡単ではありません。

　「国の年金」保険料は「他人の年金」のための保険料ですが、「他人の年金」のために納付する保険料には、当然ですが社会保険料も税金もかかりません。「自分の年金」分もそれと同じことです。

　「自分の年金」を作るための拠出分にも、社会保険料も税金もかからないようにする。これが「国の支援」です。
　「国の支援」と大袈裟に書きましたが、本当は当たり前のことです。

若い世代は実質減額する「国の年金」補完のため、
21世紀の公的年金としての「自分の年金」が必要。

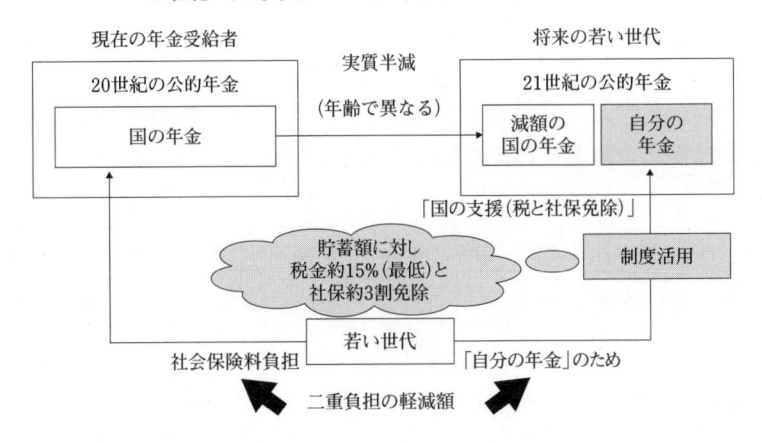

現在の年金受給者		将来の若い世代

20世紀の公的年金　　実質半減　　21世紀の公的年金
　　国の年金　　　（年齢で異なる）　減額の国の年金／自分の年金

「国の支援（税と社保免除）」

貯蓄額に対し税金約15%（最低）と社保約3割免除

制度活用

社会保険料負担　　若い世代　　「自分の年金」のため

二重負担の軽減額

第3章 「国の支援」を活用し、「自分の年金」を作る

「自分の年金」作りは、社員には「退職準備」です。

　これまでも「退職準備」には税制等の優遇措置がありました。
　多くの中・小企業に使われた簡易な制度が2001年廃止の「退職給与引当金」です。引当留保するだけで「法人税」が安くなります。税理士先生にお願いすれば済む簡単な方法です。
　何の負担もなく効果も大きい。多くの中・小企業が活用しましたが、残念ながら廃止です。

　中・小企業は社員の退職準備を自分で用意する道は閉ざされているのです。

　「税制適格年金」という制度もあります。これは「退職給与引当金」と異なり、将来の退職準備分を生命保険会社などに拠出の必要があります。これも税金・社会保険料課税はありませんが、儲かってはいるが「資金余裕」のない中・小企業は使えませんでした。

　この制度も将来の社員の「権利保護」の点で問題がある。半数以上の会社が必要な退職金（年金）を払うためには積み立て不足があり、社員に退職金を払えない。

　こうした中途半端な制度ですから2011年度までには完全廃止が決まっています。

　それでは何も支援がなくなるのか？　そうではありません。

21世紀に適合する制度として、まさに21世紀の始まった2001年に出来た法律があります。「確定拠出年金法」です。

その第1条をご紹介します。

> **確定拠出年金法第1条（目的）**
> 　この法律は、少子高齢化の進展、高齢期の生活の多様化等の社会経済情勢の変化に鑑み、個人または事業主が拠出した資金を、個人が自己の責任において運用指図を行い、高齢期においてその結果に基づいた給付を受けることが出来るようにするため、確定拠出年金について必要な事項を定め、国民の高齢期に於ける所得の確保に係わる**自主的努力を支援し、公的年金の給付と相まって、**国民の生活の安定と福祉の向上を目的とする。

　この法律は「公的年金の給付と相まって」と明示し、先に述べたような大変な時代を迎える「国の年金」の補完対策であることを、明確にしています。

　「国の年金」を補完するための社員の「自分の年金」作りのための優遇策です。

　企業だけが負担する「企業の人事制度」である「退職金制度」を優遇するだけのこれまでの制度と大きい違いです。

　この場合の「公的年金」とは「国の年金」である厚生年金と国民年金です。

　そのいずれもがすべての社員には「不安の年金」になっています。

「国民年金」は国民生活の最低の支えといわれ、生活保護以下の水準と批判されていますが本当です。給料から天引きされる方式でないので未納がどんどん増え、信頼感を失い、「生活保護費」以下の水準であれば、「生活保護費」と同じように税金で全額負担する主張が有力であり、そのように改正されるでしょう。

徴収コストも安く、記録も関係ないので運営コストも大幅に安くなります。当然の改革だと思います。

問題は給料から強制的に天引きされる厚生年金です。様々な問題があり、問題点の説明をするだけでたくさんの本が書けます。

最大の問題は「将来"自分"がいくらもらえるか分からない」ことです。

専門家は別として、普通の人が知りたいのは、
「自分の年金はいくらもらえる？」です。

それはどんな本にも明確には書いてありません。

「国の年金」を所管する社会保険事務所ですら「自分の年金？」と聞きにいっても、減額を含む年金受給額予測を正しく教えてくれません。まして「減額」の説明はタブー（？）です。

政府のおおよその説明はあります。

「標準家庭はいくら？」は5年ごとに発表されます。しかしこの数字は標準家庭です。

「自分の年金はいくら？」に回答していません。

「現役時代の収入の5割程度」。厚生年金は収入比例の年金です。

その意味ではこの回答は妥当な目安です。

問題は年金を今もらうのではない。30歳の人では35年後です。
35年後の年金は「国の方式（次世代扶養方式）」では確実に目減りします。先にそうなる理由を述べました。

「自分の年金はいくら？」

これにますます答えられない仕組みです。

「現役時代の収入の6割程度」と、これまでは長くいわれていました。

大部分の人が半信半疑でしたが、高度成長時代の「国の年金」は頼りになる年金でした。だから誰も「自分の年金」を作ろうとしませんでした。

「国の年金」依存の日本は「私的年金資産」が極度に少ないと指

第3章 「国の支援」を活用し、「自分の年金」を作る

摘されています。

2007年12月8日号の『エコノミスト（英国)』はOECDの調査レポートとして以下のデータを紹介しています。恐るべき数字です。年金のための自分の貯金はないも同然です。

年間収入の2割強です。日本より少ない国は陽気なイタリア、ブラジルとインドだけです。

30年前に401$_K$を始めたアメリカ人は年間収入（GDP）の8割弱の蓄えがあります。日本人はアメリカの3分の1だけです。

国民総生産（GDP）に対する私的年金資産の割合

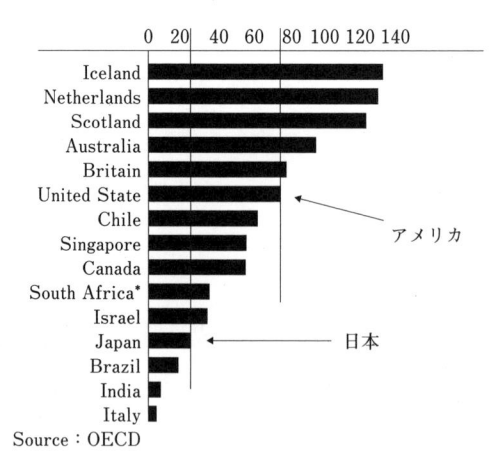

国	0 20 40 60 80 100 120 140
Iceland	
Netherlands	
Scotland	
Australia	
Britain	
United State	← アメリカ
Chile	
Singapore	
Canada	
South Africa*	
Israel	
Japan	← 日本
Brazil	
India	
Italy	

Source：OECD

2007年12月8日号エコノミスト、OECD2004 調査レポートより

「国の年金」が不安。すべての人は異論がないでしょう。
　改善提案は専門家にお任せするとして、まず今すぐでも出来る対策として「自分の年金」を作る。

　「自分の年金」を作る支援を国が「税金と社会保険料免除」でしてくれる。

　これが確定拠出年金法です。

　その活用は「国の支援」がないままに自分で税金や社会保険料負担後の手取り収入から貯金をする場合に比べ大変なメリットがある。（第6章ご参照）

　ひとつだけ大事な条件があります。「国の年金」の補完ですから、それ以外には使ってはいけない。言い換えれば60歳までは引き出せないことです。

　大変なメリットがあるが「他人の年金」を負担しながら「自分の年金」を作るのは本当に難しいことです。

　強い決心での自主努力が必要です。その努力をしなければ確実に自分の生活水準を将来の退職後は切り下げなければならない。
　その選択を求めているのです。

　だから「国の年金」やこれまでの企業の退職金は全社員に強制で

すが、「自分の年金」を作るのは「選択制」です。

　「自分の年金」作りの必要性を理解し、自主努力する人だけが「国の支援」を受けます。

　そのためには「国の支援」がどれだけ有利か理解して頂くことが必要です。簡単です。

第 4 章

折り紙で理解する
「国の支援」の仕組み

第4章　折り紙で理解する「国の支援」の仕組み

　国の年金が減る。大変なことだから給料を増やす。大部分の企業では出来ない。

　企業が負担する社員の給料は一定と考えます。1枚の紙を用意してください。

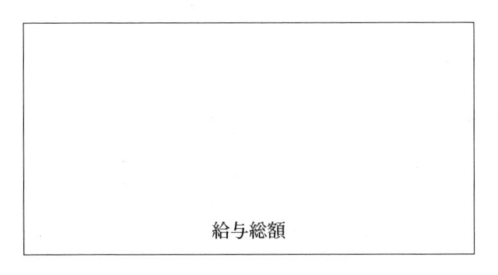

```
┌─────────────────────────┐
│                         │
│                         │
│              給与総額    │
└─────────────────────────┘
```

　給料を増やさないのですからこの紙の大きさは変わりません。これが会社の給与関係負担総額です。社員は全額使えるわけではありません。まず会社は「事業主負担社会保険料」を払います。約15％（厚生年金保険料値上後）です。

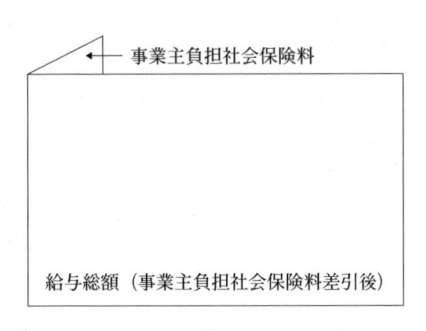

```
    ┌──← 事業主負担社会保険料
┌───┴─────────────────────┐
│                         │
│                         │
│  給与総額（事業主負担社会保険料差引後） │
└─────────────────────────┘
```

第4章　折り紙で理解する「国の支援」の仕組み

　折り曲げた残りの部分が社員への給与支給分です。それから社員は自分が負担する社会保険料を控除されます。この割合も約15％（厚生年金保険料値上後）です。

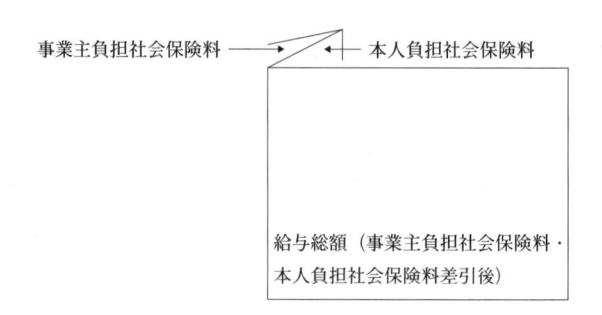

```
事業主負担社会保険料 ──→  ←── 本人負担社会保険料

              給与総額（事業主負担社会保険料・
              本人負担社会保険料差引後）
```

　本人の給与から差し引かれるのはこれだけではありません。

　所得税も源泉徴収です。所得税の計算は難しい。収入により異なり各種控除もあるからです。地方税込み所得税の最低税率は15％です。6割の人がこの範囲ですからこれで概算表示します。結局手取り給与は以下のように会社が負担する総額としての負担額に比べ大きく減少します。

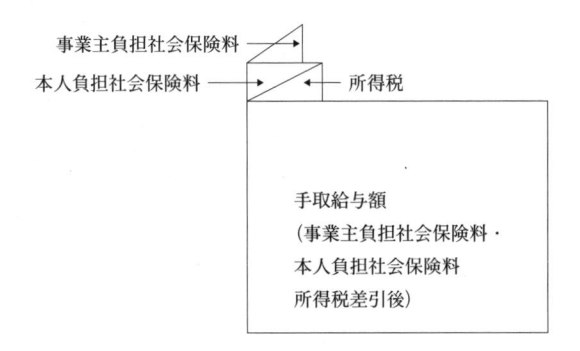

第4章　折り紙で理解する「国の支援」の仕組み

```
事業主負担社会保険料 ─→◺
本人負担社会保険料 ─→◲◁─ 所得税

        ┌─────────────────┐
        │                 │
        │    手取給与額    │
        │ (事業主負担社会保険料・│
        │  本人負担社会保険料   │
        │  所得税差引後)    │
        │                 │
        └─────────────────┘
```

手取り給与額から毎月の生活費が必要です。残りが貯蓄です。

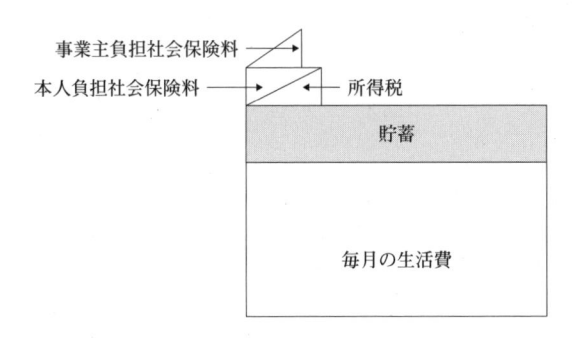

```
事業主負担社会保険料 ─→◺
本人負担社会保険料 ─→◲◁─ 所得税

        ┌─────────────────┐
        │      貯蓄       │
        ├─────────────────┤
        │                 │
        │   毎月の生活費   │
        │                 │
        └─────────────────┘
```

年金が減るから貯蓄が必要と説明されても、生活費もギリギリ。それは減らさない。だけど貯金は増やしたい。

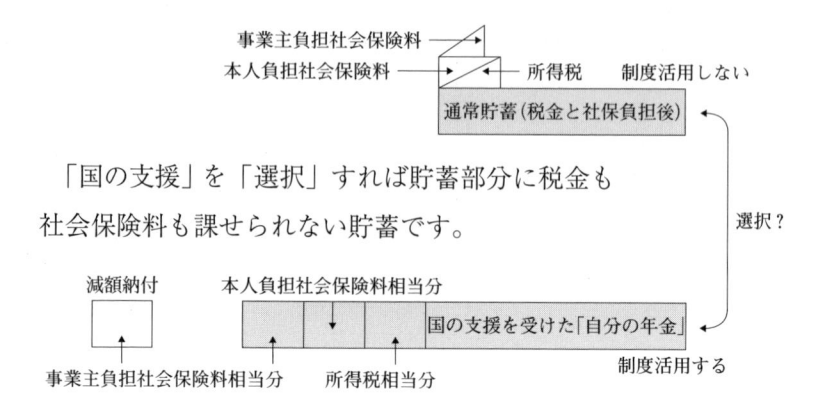

第4章 折り紙で理解する「国の支援」の仕組み

事業主負担社会保険料
本人負担社会保険料 — 所得税 制度活用しない
通常貯蓄（税金と社保負担後）

「国の支援」を「選択」すれば貯蓄部分に税金も社会保険料も課せられない貯蓄です。

選択？

減額納付　本人負担社会保険料相当分
国の支援を受けた「自分の年金」
事業主負担社会保険料相当分　所得税相当分
制度活用する

　これが「国の支援」制度の活用効果です。結果として「国の年金」と同じように、税金も社会保険料も負担しない「自分の年金」が作れます。

（ご参考）

　折り紙方式をご利用される場合の一番大事なことは、折り曲げるそれぞれの割合を全体の約15％とすることです。

　この割合がそれぞれの項目の負担割合であり、その活用効果の大きさを「視覚的」に理解して頂けるからです。

　この方式の欠点は制度活用効果が、単年分しか理解出来ないことです。

　制度活用の最大の効果は「継続活用」です。当面はその運用益に

も課税されません。

　これは計算してみて始めて理解出来る大きい効果です。（第6章ご参照）

　制度を完全活用し、「自分の年金」を運用するに当たり、2％程度の運用益を予定すれば驚くべきことに「国の年金」減額のほとんどをカバー出来ることです。（第7章ご参照）

　どんな制度も効果がなければ誰もやらない。
　効果とは「目標の達成」です。

　そして「目標」は、努力と工夫の結果で必ず達成出来るものであることが必要です。

第 5 章

「国の支援」を活用し、社員のためになる
新しい「企業制度」を作る

第5章 「国の支援」を活用し、社員のためになる新しい「企業制度」を作る

　日本では最近の新しい企業を除くと中小企業まで多くの場合に「退職金制度」があります。

　これは「退職金制度」の税制上の優遇策が極めて簡単に利用出来、税金の減額効果が大きかったためです。
　支援策はすべて廃止されました。

　折角の優遇策も、万一の場合に「社員の権利保護」にならない。
　ただの「優遇策」であり、結果として将来の大きい「企業負担」を先送りし、第2、第3のGMにつながりかねないことが明らかになったからです。

　日本では「退職金制度」の位置づけが企業会計上で驚くべきことに2000年まで不明確であり、多くの経営者は将来それが負担可能かどうか？

　あまり考えることもなく、一人前の企業であれば「退職金制度」くらい用意しよう。

　幸い税理士の先生の勧める税金減額の効果もある。
　この程度の認識だったのです。

　高度成長期は企業の倒産も少なく、将来の心配もない。万一の場合に「社員の権利保護」など考える必要がなかったからです。

それに警鐘を鳴らしたのが2000年の「退職給付会計基準」です。

これも中・小企業には関係ないとして大方の企業は無視しているのが実情です。

そもそも退職金制度そのものも理解がない。
2000年の「退職給付会計基準」が明示したのは「退職金」とは、企業の現在支払うべき給料を退職時まで繰り延べる「後払い債務」であることだけです。

このことは企業経営者や会計専門家の間では常識化しています。

「退職給付会計基準」が会計制度の限界として明示出来ないもう一つの問題があります。

「退職給付会計基準」導入が先行し、その理解がすすんでいる欧米では通常の退職金制度を「退職時給与比例年金（退職金）」という極めて分かりやすい的確な表現を使います。

このネーミングこそ現行退職金制度の経営面での「将来の大きい負担」を明示しています。
「後払い債務」の認識だけしかないと「退職金制度」の本当の問題点と将来の企業経営に与える深刻かつ重大な負担は理解出来ません。

第5章 「国の支援」を活用し、社員のためになる新しい「企業制度」を作る

　「退職時給与比例年金（退職金）」とは「現在給与の後払い」ではなく、若い時の低い水準での「後払い給与」分を、いつのまにか「退職時給与」水準に転換して、退職時にその社員の生涯にわたる「昇給分」相当の後払い分も加算し、その金利までつけて、退職金として支払うことです。

　仮に若い時の給料は20万円とします。「後払い給与」分としてその5％の1万円分を退職金にしてこの運用益と合わせて退職時に支払う。

　「退職給付会計基準」の考え方では「現在給与」分から後払いすることを約束した分だけの社員からの借金です。
　それを運用し退職金原資を用意する。これだけの理解です。

税制適格年金もこの考えです。

しかし現実の支払いは「退職時給与比例」です。
この社員は退職時の給与は 100 万円になるかもしれない。上位の管理職として会社に大きく貢献しているからです。若い時から退職時までの数十年間に必ず物価上昇がありそれに伴う給与ベースアップもあります。

「退職時給与比例」とは若い時の 20 万円ではなく、退職時給与である 100 万円を基準にして退職金（年金）を払うことです。前掲例でいえば 1 万円（＋金利）の債務が 5 万円（＋金利）になります。

若い時の給料を退職時には 100 万円に換算しなおすようなものです。
これは大変な問題です。

そもそも「退職時給与」など誰も予測出来ないのですから、こんなことは予測計算出来ない。
「会計の限界」と言ってしまえば、それまでですが、それでは企業が将来本当に負担すべき債務を表示しているとは到底いえません。

廃止される「税制適格年金」に絶えず「予期しない積立不足」が発生したのもこのためです。

「退職時給与比例年金（退職金）」として正しく理解して頂くこと

で、この問題の怖さを正しく理解出来るだけでなく、解決の方法と必要性を示唆しています。

「退職時給与比例年金（退職金）」は、この意味では退職社員には素晴らしい制度です。

「現在給与の一部」が退職時に運用益と一緒に後払いされるのではなく、若い時には低い「現在給与」分（前掲例では20万円）が、昇給やインフレで高くなる「退職時給与」水準（前掲例では100万円）に引き直されて支給してもらえるからです。

物価水準上昇での給料上昇分だけではなく、若い時代の「安い賃金」そのものが、高い「退職時給与」に再評価してもらえるのです。

「国の年金」は物価上昇分の再評価だけです。これもすでに減額が決まっています。

この特典は社員にとって大変大きいメリットです。反面では企業の大きい負担です。

GMの崩壊の一因となり、JALの経営すら脅かす存在です。そして高齢化で増える退職社員と、経営のスリム化で少なくなる現役社員とのアンバランスに直面するすべての企業の問題です。

一番大きい問題はその再評価分の追加負担を現実に負担するのは、

既に退職し、また今退職しようとする社員ではなく、退職社員が退職したあとに会社を支える現役社員とその経営者です。

「国の年金」負担者が現役の現在の加入者であり、既に退職した年金受給者でないことと全く同じ仕組みです。

もうひとつの問題点は退職者や退職した年金受給者が、残る現役社員や現役の加入者にそのような負担をお願いしているとの理解が全くといっていい程ないことです。

退職社員も年金受給者も「自分の働き分」を受け取る当然の権利だと考えています。後輩社員や現役の年金加入者が一生懸命働いて努力してくれている分をもらっているとは誰も考えません。

こうした制度は21世紀の高齢化社会では維持出来ないことも確実です。

GMは倒産して初めて大幅減額が受け入れられたようです。
本書執筆時点ではJALの退職者への「企業年金半減」提案にはJALの退職社員からは猛烈な反発があると伝えられています。

自分が現役時代の収入の6割を「国の年金」としてもらえる。
その約束？　を信頼して厚生年金保険料を納付してきた。

GMやJALの社員も「会社の約束」を信じて、現役時代にそれ

ぞれ努力してきた。その努力を退職まで一生続けた。

　それが半減する。もはや退職後の年齢です。今から自分で努力して取り返すことは出来ない。半減も受け入れざるを得ない？

　GMもJALもそれぞれの国とそれぞれの分野で代表的企業です。そうした企業すら維持出来ない制度です。

　大方の企業が維持出来ない制度に、税制上の優遇措置は与えられない。維持出来ない場合にその制度を期待して、努力してきた社員の期待と権利を裏切ることになるからです。

　これが「退職給与引当金」と「税制適格年金」が廃止された本当の理由です。

　「退職給与引当金」と「税制適格年金」が問題なのではなく、そうした税制支援を前提に、これまで企業が自社の企業制度として用意してきた「退職時給与比例年金（退職金）」そのものが、社員の権利保護にならないとして、新しい「企業制度」への転換を求められているのです。

　第2のGMやJALの悲劇を繰り返させない。社員の将来を守る極めて先見性のある政策です。

　「退職給与引当金」と「税制適格年金」は国の制度です。だから

第5章 「国の支援」を活用し、社員のためになる新しい「企業制度」を作る

法律で廃止出来ます。

「退職時給与比例年金（退職金）」は企業の制度です。法律だけでは廃止は出来ない。

問題がある企業制度として「国」が「国の制度」を廃止してまで求めている、古い企業制度を「改良転換」するのは企業の役割です。それが本当の社員の権利保護につながります。

高度成長時代では安易な経営も許された。国も「国の年金」を維持出来た。

少子高齢時代には、もはやそれは出来ない。

問題がある企業制度「退職時給与比例年金（退職金）」に変わるものが「自分の年金」を作るための新しい企業制度である「選択制退職準備給付制度」です。

「他人の年金」や「他人の退職金（企業年金）」を負担することはもう出来ないし、社員にさせてはならないのです。

それが新しい時代での「企業制度」であり、現役社員に先輩社員への重い負担をなくし、働く若い人に将来の希望を持ってもらい、企業に活力を持たせる方法です。

第5章 「国の支援」を活用し、社員のためになる新しい「企業制度」を作る

　「退職時給与比例年金（退職金）」制度は前に述べたように、「表面的」には社員には魅力的制度です。子供に退職後の面倒を見てもらう制度と同じだからです。

　それはもはや期待出来ない。その現実を理解することが本当に将来の社員の権利と生活を守り、企業を安定的に発展させることです。

　GMやJALの退職社員が受け入れを迫られている現実です。

　そして現在のほとんどの現役社員が将来確実に直面するかもしれない大きい問題です。

　すべての企業で改良転換が必要であり、そのチャンスが新しい「国の支援」制度である「確定拠出年金法」の活用です。

　「退職時給与比例年金（退職金）」は、社員保護にならないとして、そうした制度への「国の支援」制度が廃止された機会こそ、その事実を社員に率直に伝え、新しい時代への企業経営に備える絶好のチャンスです。

　新しい「国の支援」制度が「新しい企業制度」を促進するために「新しい受皿」として用意されています。これが確定拠出年金法です。求められる「新しい企業制度」への受け皿です。新しい受け皿を活用し「自分の年金」作りに努力する社員を支援する新しい制度が「選択制退職準備給付制度」です。

第5章 「国の支援」を活用し、社員のためになる新しい「企業制度」を作る

　これまでのような「企業制度」支援だけではない。「新しい受け皿」は「国の年金」減額対策です。

　企業に古い「退職時給与比例年金（退職金）」制度が現在あるかどうかは無関係です。
　古い退職金制度がなくても「国の年金」対策ですから、厚生年金加入企業すべての社員が必要です。

　どんな小規模企業も、厚生年金加入企業で「国の年金」保険料を納付している企業のすべての社員が「国の年金」減額に直面し、その対策を必要としているからです。

　その対策への社員の貴重かつ困難な「自主努力」に与えられる「国の支援」です。

　「国の年金」はあてにならない。「自分の年金」が欲しい。その社員のニーズに応える企業制度を用意する。いまや「自分の年金」は時代のキーワードです。

　「自分の年金」を作ることに「国の支援」がある。

　それを企業が支援する。これが21世紀のあるべき「企業制度」であり、すべての社員が必要としているものです。

　社員自身が国や企業に依存しての考え方から脱却して「自主努

力」する。

　これを育てることが、これからの時代には必要です。それを促進する法律の仕組みは画期的です。

　「自主努力」を選択する人にだけ与えられる「選択制」です。

　すべての人に与える「国の支援」ではない。だから社員の「自主努力」を育てます。

第6章

驚くほどの活用効果。「国」と「企業」の協力で
社員の「自分の年金」支援

第6章　驚くほどの活用効果。「国」と「企業」の協力で社員の「自分の年金」支援

中・小企業の退職金は500万円程度とすら言われています。

現在の給料が精一杯で、退職金など到底負担出来ない企業もたくさんあります。

これまでの退職金はすべて企業だけが負担する方式だからです。給料も当然企業負担ですから同じ負担であれば、少しでも今の給料が高い方がいい。社員も同じ気持ちです。

新しい企業制度である「選択制退職準備給付制度」は、社員が「自分の年金」を作るために「国の支援」を受ける。
「国の支援」を活用出来るようにする社員のための企業制度です。

社員が「自分の年金」を作ることを「選択」すれば、その「自主努力」を促進するため「国の支援」が用意されている。
「選択」をしない社員は現状どおりです。

誰でも「自分の年金」は作りたい。
それは実に苦しい「選択」です。それだけの資金余裕がないからです。

本来給与としてもらえる分から18.5％（厚生年金保険料値上げ後）もの「他人の年金」分を既に負担しています。

仮に300万円の本来もらえる筈の年収（企業の立場では総額人件

費）であれば55万円もの「他人の年金」の負担です。「自分の年金」分ではない。その他に地方税を含む税金、健康保険料その他の社会保険料も必要です。結論からいえば約4.5割。

　55万円でなく、135万円負担後の165万円だけが手取り給与です。

　社会保険料納付の半分を「事業主負担」とする仕組み、社員負担も源泉徴収方式で、自分の負担部分に無関心。これが日本の場合のやり方で、社員が「自分の本当の負担」を分かりにくくしている原因です。「事業主負担分」といえども社員が本来はもらうことの出来る「総額人件費」の一部です。

これだけの負担をどんな小企業の社員でもしているのです。

　その上で将来への「自分の年金」作りです。

　税金と社会保険料（含む厚生年金保険料）計算は実際には難しい仕組みです。

　社会保険料は実際の収入に比例する方式でなく、実際の収入から「標準報酬月額」を計算して、それに対する賦課計算です。それも事業主負担分（これも企業には総額人件費の一部）と社員の給与から控除する分と別々に計算されますが、実際の社会保険料の負担は両者が合算されたものです。

第6章　驚くほどの活用効果。「国」と「企業」の協力で社員の「自分の年金」支援

　毎年社会保険料は値上げされます。この計算も必要です。

　このため両者合算後の社会保険料を将来の法定値上分を含め「3割」として概算計算しています。

　税金は別の意味で複雑です。まず収入が高くなれば税率が高くなる累進税率です。

　課税される最低の収入区分で地方税と合わせ税率は15％です。収入が多くなればこの税率はどんどん上がります。収入が増えた分に適用される税率を専門用語で「限界税率」といいます。

　税金計算で難しいのは家族構成などで異なる各種控除の計算です。

　制度利用効果計算ではこの控除は一応無視します。「自分の年金」に当てられる貯蓄部分は、生活費に充てられる収入の基礎部分ではなく、増減する高い収入部分だからです。
　制度利用効果計算のためには、これらをすべて考えて「15%」の最低限界税率で概算計算しています。

　合計して約45%もの負担であり、それが免除になる大きい活用効果です。約15%は事業主の社会保険料負担分が減少します。

　これだけでも驚くべき活用効果です。

第 6 章　驚くほどの活用効果。「国」と「企業」の協力で社員の「自分の年金」支援

しかしながら本当の活用効果は実際に計算してみて、初めてその大きさが実感出来ます。

この制度は 65 歳までの継続活用であり、毎年この支援が累積し、かつその運用益も非課税だからです。「継続活用効果」こそ、ポイントです。

確定拠出年金法が求める「自主努力」とは、「継続的努力」であり、効果も「継続活用効果」です。その理解こそ大事であり、「自主努力」を促す鍵です。

以下の設例で概算します。継続利用だから年齢で異なります。30 歳の社員と仮定します。

現在の年齢	30 歳	制度選択可能額	51000 ▼ 円 / 月

(1) 国の支援だけの場合

制度を「完全活用」する。結果として以下のように 65 歳時の準備は 3,090 万円にもなります。

「国の支援」の合計は毎年約 18 万円（拠出額 61 万円の約 3 割）ですが、65 歳までの累計支援額は 631 万円になります。その運用益 279 万円（2%で計算）と自分の負担分（毎年の選択年額 − 毎年の支援年額）の 35 年分の累積 1,510 万円（年間では 43.2 万円。月額では 3.8 万円の努力です）の運用益 668 万円の非課税効果（当分

第6章　驚くほどの活用効果。「国」と「企業」の協力で社員の「自分の年金」支援

運用益には課税されない）159 万円の合計が 1,069 万円にもなります。

この合計が制度活用効果です。

結果としての65歳時の準備	3090.3 万円	☑ 制度選択	☐ 選択しない
「国の支援分」の運用益	279.4 万円	「自分の負担分」の運用益	668.9 万円
		内制度利用による運用益非課税効果	159.3 万円
国の支援累積 631.1 万円	自分の負担累積 1510.9 万円	選択月額	5.1 万円
国の支援年額 18.0 万円	毎年の社員負担額 43.2 万円	選択年額	61.2 万円

制度活用せず、文字どおり「自分だけの年金」準備では 2,020 万円程度にしかなりません。その差は極めて大きい。

結果としての65歳時の準備	2020.4 万円	☐ 制度選択	☑ 選択しない
「国の支援分」の運用益	万円	「自分の負担分」の運用益	509.6 万円
		内制度利用による運用益非課税効果	万円
国の支援累積 万円	自分の負担累積 1510.9 万円	選択月額	5.1 万円
国の支援年額 万円	毎年の社員負担額 43.2 万円	選択年額	61.2 万円

(2)「企業も支援」の場合。事業主負担社会保険料減額効果の活用

「退職金制度」は毎月の給与と同じく企業が単独で負担しています。

給与と異なるのは退職時まで給付しないのですから、法人課税は

もとより税金・社会保険料の納付が必要ない。

　これが認められる優遇制度が「退職給与引当金」であり、「税制適格年金」の仕組みでした。この優遇制度が廃止された。

　これからは退職時支給のために企業が毎年準備するとしても法人税が課税されます。

　毎年準備しなければ、退職時に一度に全額負担することになります。
　本当にその時に大きい退職金負担を出来るのか疑問です。

　結果として企業は単独でのこれまでのような「退職金制度」を維持するために準備する道は完全に閉ざされています。もはや税制面からは維持出来ない制度です。
　新しい退職準備制度が社員の自主性を尊重する「選択制退職準備給付制度」です。

　問題はこの制度では結果として「事業主負担社会保険料」が減額になり、その分が法人課税の増額につながることです（当該企業に利益が出ている場合）。

　そのメリットを活用してこの制度の社員利用を促進する企業の支援制度を用意出来ます。

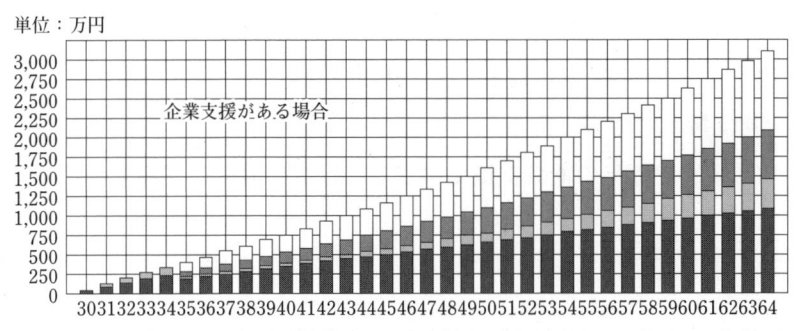

第6章　驚くほどの活用効果。「国」と「企業」の協力で社員の「自分の年金」支援

これはこれまでの退職金制度とは全く発想が異なります。

企業が単独で用意するのがこれまでの退職金制度です。

新しい企業支援は、「国の支援」と同じく、「自主努力する社員」だけへの支援です。

いわば社員と国と企業が3者それぞれ協力しての「退職準備」です。これまでのように退職時支給の退職金ではない。

社員が完全に仕事をやめる準備のための「自分の年金」作りです。

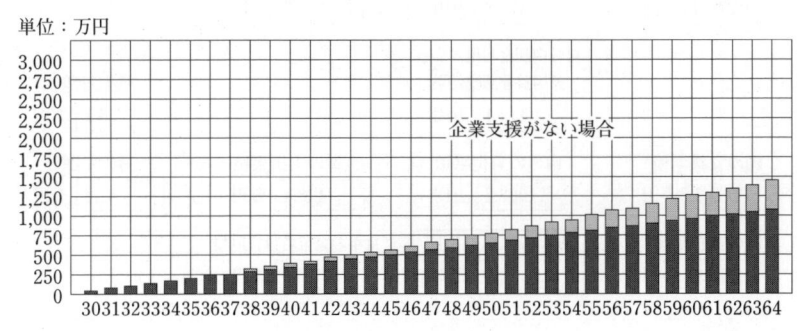

第6章　驚くほどの活用効果。「国」と「企業」の協力で社員の「自分の年金」支援

詳細は第9章で述べますが、企業支援のない場合の効果計算と比較のため、75ページに「企業支援効果」の計算比較表示をしました。

　毎年の選択金額は「企業支援」がない場合と同じ年額61万円です。
　この2割を企業が支援します。年額で12万円です。
　「国の支援」は約18万円ですから、企業支援が12万円あれば社員の負担は当初の43万円から31万円になります。

　毎年社員が努力する「自分の年金」作りの半分を「国」と「企業」が支援することになります。

　「国」と「企業」が支援すれば社員は「自分の年金」作りに「半分を支援」してもらえる。
　64歳まで毎年の継続支援です。これは実に大きい支援です。

「国の支援分」の運用益	「自分の負担分」の運用益	「企業支援分」運用益	
279.4 万円	479.2 万円	189.7 万円	
	自分内制度利用による運用益非課税効果		選択月額
	114.1 万円		5.1 万円
国の支援累積	自分の負担累積	企業の支援累積	選択年額
631.1 万円	1082.5 万円	428.4 万円	61.2 万円
国の支援年額	毎年の社員負担額	毎年の企業名目負担額	
18.0 万円	30.9 万円	12.2 万円	

第6章　驚くほどの活用効果。「国」と「企業」の協力で社員の「自分の年金」支援

(3) それぞれが単独で準備。制度の総合効果を活用しない場合

制度を完全活用すれば30歳の社員は退職時に3,090万円の準備が可能です。

総合効果としての65歳時の準備	3090.3	万円

企業と国の支援を総合して運用資産残高予測(運用益当面非課税)

制度を社員が選択活用しない場合はその半分の1,447万円と試算されます。

毎年31万円を「自分の年金」に制度利用しないで2％平均で運用した場合です。運用益は35年間で479万円ありますが、運用益も2割課税（制度利用すればこの課税がない）です。65歳の時の準備は、同じ苦労をしてもその半分しか出来ない。

制度利用しない場合の65歳時準備	1447.6	万円

自分の負担分だけを課税後運用資産残高予測

企業の毎年の負担額は12.2万円。35年間の累積準備への負担は合計428万円です。

これは制度利用の場合です。制度利用しなければ法人課税4割負担が前提です。

残りだけが退職金準備に運用可能です。運用益にも課税です。結果として企業単独で準備出来るのは327万円です。これがこれまでの企業単独型、かつこれまでの「退職給与引当金」等の企業支援制度を廃止されたあとに企業が出来る退職金準備可能額です。

第6章　驚くほどの活用効果。「国」と「企業」の協力で社員の「自分の年金」支援

| 企業だけで可能な退職金準備 | 327.3 | 万円 |

名目支援額から社内留保時法人課税4割減額分控
除後金額を課税運用した場合の資産残高

(4) 企業支援は会社負担でなく、会社にもプラス

　社員数30人の企業を対象に考えます。企業支援は社員の制度加入選択額の2割とします。この割合は任意です。この割合が前掲例です。結論から言えば驚くことに企業の実質負担はその3割3.6万円だけです。

　なぜそうなるのか？

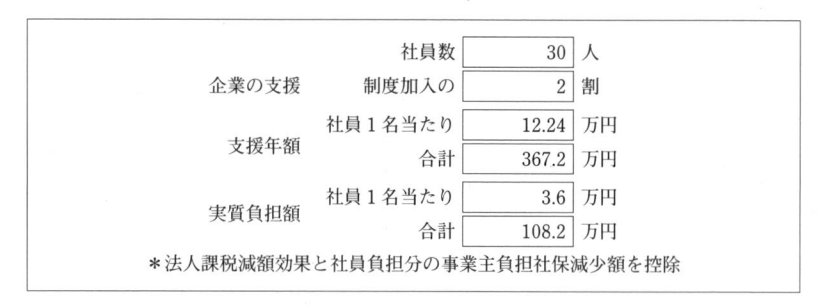

企業の支援	社員数	30	人	
	制度加入の	2	割	
支援年額	社員1名当たり	12.24	万円	
	合計	367.2	万円	
実質負担額	社員1名当たり	3.6	万円	
	合計	108.2	万円	

＊法人課税減額効果と社員負担分の事業主負担社保減少額を控除

最初に社員の退職準備に企業支援をしない場合を検討します。

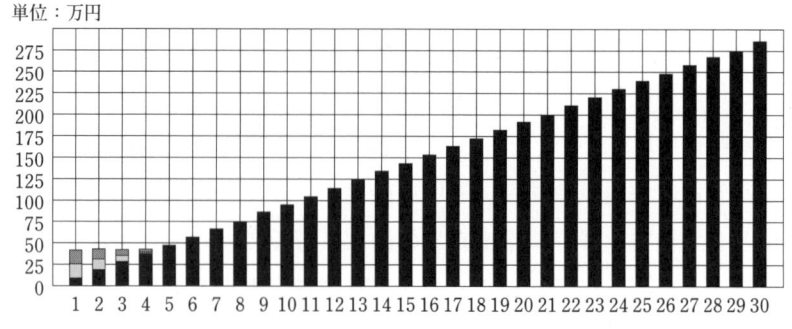

単位：万円

■ 事業主負担社会保険料減額　□ 法人課税減額　■ 企業負担額　　単位：人

第6章　驚くほどの活用効果。「国」と「企業」の協力で社員の「自分の年金」支援

　最初の数名の利用では企業の制度運営コストをまかなうだけの事業主負担減額効果はありません。僅かですが企業負担になります。

　どんな問題も中途半端ではうまくいきません。これも同じです。

　アドバイザーの努力で社員の制度利用が増えると仮定します。この段階では本当に活用されたわけではない。計画段階です。そこで驚くべきことが発見されます。

　折角の事業主負担社会保険料減額効果は法人課税の増額となり半減するのです。

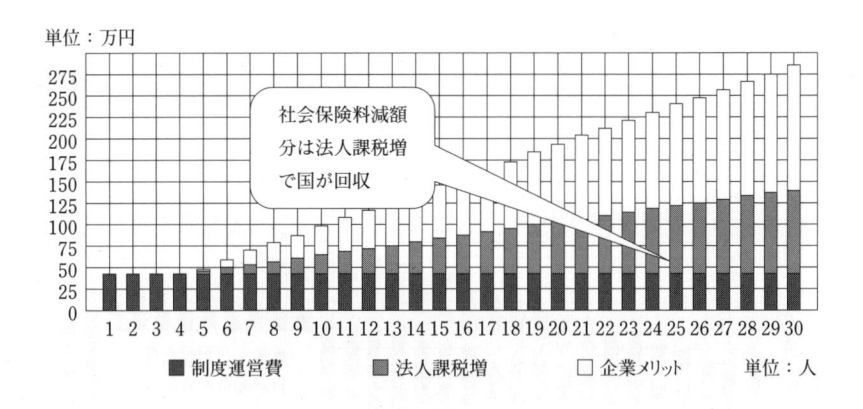

単位：万円

（グラフ：社会保険料減額分は法人課税増で国が回収
■制度運営費　■法人課税増　□企業メリット　単位：人）

社員が利用すれば企業にも大きいプラス。
　それではこれを還元して、制度活用を促進し社員の将来をより豊かにする。新しい意味での「退職準備制度」です。企業支援額は以下のように制度運営費用に加算されます。

第6章　驚くほどの活用効果。「国」と「企業」の協力で社員の「自分の年金」支援

単位：万円

［企業名目支援額］

■ 制度運営費　■ 企業支援額　■ 法人課税増　□ 企業メリット　　　単位：人

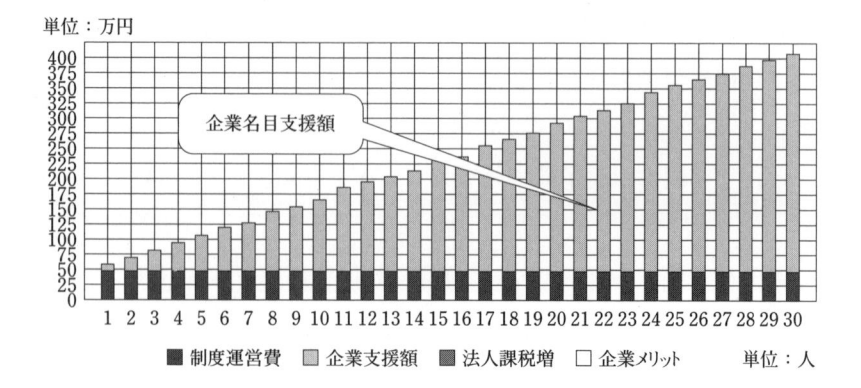

　制度運営費用を含む社員への企業支援額の大半は事業主負担社会保険料減額でまかなえます。法人課税の減額効果まで加算すれば企業負担は僅か月額3千円で、社員への支援額は毎月1万円年間では12万円のプラスです。自主努力する社員だけへの支援です。

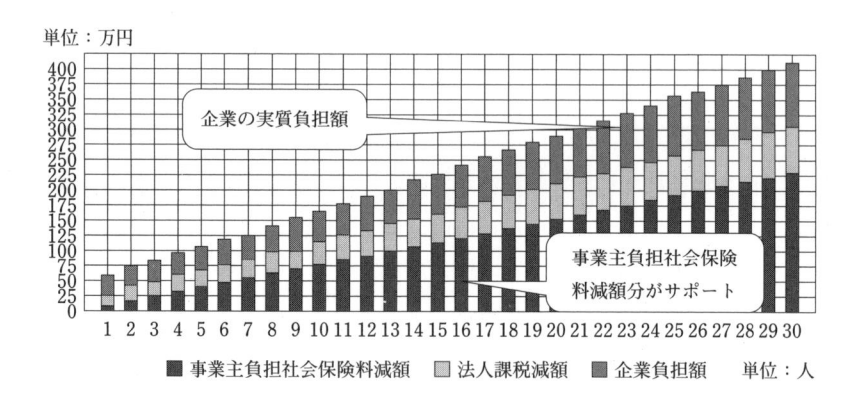

単位：万円

［企業の実質負担額］

［事業主負担社会保険料減額分がサポート］

■ 事業主負担社会保険料減額　■ 法人課税減額　■ 企業負担額　　　単位：人

第 7 章

新しい企業制度としての「選択制退職準備給付制度」

第7章　新しい企業制度としての「選択制退職準備給付制度」

(1)「先送り」をやめる

　20世紀の高度成長時代は、「生涯雇用」が日本の雇用慣行でした。

　定年まで長い間働いて頂いたのですから退職後の面倒も見る。これが日本の退職金（企業年金）制度です。
　GMもこの方式です。

　退職金は「本来現在支給すべき給与」を退職時まで先送りする「後払い制度」です。

　通常年功序列型（年齢や勤続年数で昇給）の賃金制度ともリンクしていました。このことで単なる現在支給債務の「先送り」以上の別の大きい負担が発生します。
　将来の賃金ベースアップ分の過去勤務期間対応分も増加する分の追加負担です。

　対策が日本の退職金制度への安易な支援策（退職給与引当金と税制適格年金）を廃止し、新しい企業制度へ対応出来る受皿である確定拠出年金法を翌2001年に用意し、新しい「企業制度」への転換を求める。
　この一連の制度転換を用意した当時の厚生労働省の政策は極めて賢明な先見性の高い立派な対応です。

　それまでは退職金の考え方はあいまいで、「先送り負担」した企

業が将来負担する債務であるという考え方すら、企業会計上では明確にされていなかったのです。

2000年に発表された「退職給付会計基準」は大企業のものと考えるのは間違いです。会計はすべての企業が自分の活動を数値化するルールです。従わなければ証券市場で取引を認めないという意味では上場企業は必ず従わなければいけません。

中・小企業はその制約はありませんが、会計にはもうひとつの大事な役割があります。企業の現状を明確にして、経営者として大企業以上の細心の注意で、将来への「生き残り対策」を実行することです。

難しい経営分析が必要なのではない。
絶対に必要なことは「会社の債務（将来の負担）」を明確にすることです。この一番大事なことをしていないで会計報告やその経営分析など意味がないでしょう。

経営で一番大事なことは、どんな企業でも「自社債務」がどれだけあるのかです。それを明確にし、なくす努力をする。借金を残すことは次世代への「先送り経営」です。

そんなことは当たり前。
「わが社の会計報告に負債の記載洩れはない」。

第7章 新しい企業制度としての「選択制退職準備給付制度」

税理士の先生を含めてほとんどの中・小企業の経営者の「確信」です。

本当にそうでしょうか？

自社が退職金規程を持っていない企業はこの点で問題はありません。

適格年金を契約している会社の半数は積立不足があるといわれます。これも退職金債務の計上洩れが疑われます。積立不足は保険会社が計算通知するだけだからです。

2001年に廃止された「退職給与引当金」に優遇措置が廃止されたあと、自社の退職金債務を引き続き計算して「債務計上」している企業がどれだけあるのでしょうか？

借金の計上洩れがあれば、粉飾決算として銀行から注意され、融資は回収されます。

しかし社員への債務には金融機関は「寛大」です。
日本では2000年までは退職金債務表示の会計慣行がなく、企業の明確な「債務」と考える必要がなかったからです。

将来「退職金」は払わない。この覚悟なら問題ありません。「債務」ではないからです。

第7章　新しい企業制度としての「選択制退職準備給付制度」

そのためには「退職金制度」がある会社は制度そのものを廃止か新しい制度に改良する必要があります。

このご提案が本書の**「選択制退職準備給付制度」**です。

将来の退職金は制度があれば当然払うべきです。社員は必ず請求するでしょう。

どんな企業でも債務計上はすべきです。

それが2000年からの会計のルールです。中・小企業も例外ではない。税法も「退職給与引当金」制度で、退職金は会社債務であるとして引当金計上を求めていました。

「退職金制度」は現在企業が社員に将来負担すべき人件費の「先送り」です。

世界一の企業GMすら倒産し、その「先送り」経営が社員や、それを期待して退職後の生活を楽しみにしていた49万人もの人に迷惑をかけたのです。

GMより小さい企業は縮小する日本経済の経営環境で「先送り」経営は出来ない。

それをすぐやめることが第2のGM社員の悲劇を自社で繰返さないことになります。

「退職給与引当金」も「税制適格年金」も「確定給付型退職金制

度」を持つ企業制度の「受皿」でした。利用は「確定給付型退職金制度」が前提だったのです。

「受皿」の廃止でこれからの企業が求められているのは、それを活用してきた「先送り」の企業制度である「退職金制度」を、新しい「先送り」経営とならない「21世紀の企業制度」への改良です。

「確定給付型退職金」を確実に将来の債務として、本当に負担出来るのでしょうか？

将来払ってもらえないのであれば一番困るのは、会社のために、本来今もらう権利がある、「自分の給与」を我慢して「退職金」を期待してきた社員です。

「退職金制度」は長い間の慣行である。だから自分の時に廃止や転換を決めるのは困るというのも「先送り」経営です。

第7章　新しい企業制度としての「選択制退職準備給付制度」

　将来経営を悪化させるのは「将来の経営者」であると考えることも出来ます。

　それならば「退職金債務」も将来に引継ぐ「債務」であることを明確にすることが「今の経営者」としての責任です。それをしなければ「借金」を隠しての引継会計報告です。

　2000年の「退職給付会計基準」の明確化で「退職金は債務です」と警告されたのは「今の経営者」です。

　新しい制度がどうあるべきか決断は「今の経営者」の責任です。

　社員への将来責任を曖昧にしない「先送り」しない経営こそ、少子高齢社会で少なくなる優秀な社員を確保する対策です。将来の社員の権利を本当に守ることが出来ます。

　そうした「社員を大事にする」経営姿勢を持つ経営者を社員も理解してくれるからです。

(2)「選択制」で社員の自主努力を支援

　「確定給付型退職金」は会社が決めた退職金制度で本来は現在払うべき給与の「一律強制後払い制度」です。

　「一律強制後払い」は外国人を含む多様化する社員の考え方や、

第7章　新しい企業制度としての「選択制退職準備給付制度」

ダブルインカム世帯の増加で多様化する社員の生活に対応出来ない古い方式です。

新しい企業制度の「受皿」である「確定拠出年金法」は「自主努力支援」が特色です。

「自主努力支援」ですから、「選択制」がキーワードで、多様な社員がそれぞれのニーズに対応出来るための新しい社会に対応しています。

これまでの制度がすべての社員を対象とする「一律強制後払い」であることに比べ、これは大きい特色です。

「新しい受皿」には時代に適合した「新しい企業制度」が必要です。

「選択制」の特色を活かした「企業制度」は運送業界の革新的企業Ｙ社と革新的手法での製造直販の衣料販売企業Ｆ社で導入されていることは先に述べました。いずれも素晴らしい革新的経営企業です。

我々の総合型「**選択制退職準備給付制度**」はその中・小企業版です。

「自主努力」する人だけのための制度です。

第7章 新しい企業制度としての「選択制退職準備給付制度」

　今までの「国の年金」も「企業退職金」も国が用意し、企業が一律に与えるものです。

　新しい制度は国が法律で強制するのではなく、企業もすべての社員に一律強制適用しない。

　「選択制」です。その努力をする社員だけを支援する仕組みです。

　こうした制度こそ、これからの多様な社員に対応する時代の要求です。

　「国」が法律で強制取立てし、全国民の「国の年金」を負担する。

　「企業」が自分の規則で一律適用し、退職金原資を一律全社員に用意する。将来給付のための資産の運用責任までそれぞれが負担する。

　こうした手法はもう限界です。社員も望まない。

　「国」でさえ約束を守れない。その運営も綻びています。

　新しい「企業制度」は、社員が自分で「自分の年金」を作る「自主努力」を選択した社員だけを支援する制度です。選択も制度を利用するか、しないかの単純な選択ではない。自分の生活設計に応じ、多様な金額が選択可能*です。

＊アメリカの401ₖは、給与の100％を選択可能です。日本は「拠出限度額」があります。「国の支援」の活用はその限度額までです。

「自主努力」を選択しなければ、将来は「生活保護水準」に転落の可能性もあります。現在の給与はその社員の貢献に対応し、完全に「今」支払う。退職時まで「先送り」しない。その前提で現在の退職金制度である「一律強制後払い制度」を、「自分の年金」作りへ多様な選択が可能な「選択制退職準備給付制度」に改良する。

「確定給付型退職金」の全面廃止ではなく、退職準備への「後払い」とその「給付」を「選択制」にする。選択しなければ完全に「今」支払う。こうした選択を許すだけの極めて簡単な社員にも受け入れ易い「改良」です。

「規則での一律強制」から、「社員の自主選択」の意味では大きな「改良」転換です。

新しい「企業制度」は企業の将来債務負担軽減という消極的立場だけでなく、行詰まった「国の年金」を補完し「自分の年金」と併せ「安心の年金」にするための「21世紀の公的年金」を作る大きい意義もあります。
　なによりも社員を「安心」させることが出来ます。

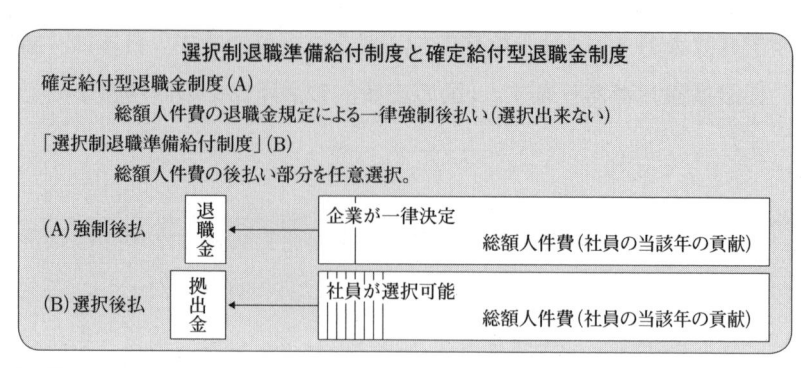

第7章　新しい企業制度としての「選択制退職準備給付制度」

```
選択制退職準備給付制度と確定給付型退職金制度
確定給付型退職金制度(A)
    総額人件費の退職金規定による一律強制後払い(選択出来ない)
「選択制退職準備給付制度」(B)
    総額人件費の後払い部分を任意選択。

(A)強制後払  退職金 ← 企業が一律決定
                        総額人件費(社員の当該年の貢献)
(B)選択後払  拠出金 ← 社員が選択可能
                        総額人件費(社員の当該年の貢献)
```

	選択制退職準備給付制度	確定給付方式退職金制度（従来制度）
制度の特色	「年金減対策」で「自分の年金」を	永年勤続奨励（生涯雇用制度対応）
社員への対応	選択制（社員が給付方式を選択）	一律割合（年齢・勤続年数等基準）
給付時期	60歳以降（「国の年金支給時）	退職時
給付時期迄の運用	「自分の年金」だから自分で決定	会社の資産だから会社が運用
支援法制度	確定拠出年金法	確定給付企業年金法*
会社の追加負担	給与支給分だけ	将来の給与増額見合い分が追加
社員の権利保護	「自分年金」拠出分は外部拠出	業績悪化で支払い不能の可能性*
サポートサービス	国の年金減額下の生活設計	なし

＊「退職給与引当金（2001年廃止）」と「税制適格年金（2011年度廃止）」の代替制度

(3)「21世紀の公的年金」を前提とする、「国の年金減額下の生活設計」として

「選択制退職準備給付制度」は、国が約束する「国の年金」ではない。企業が約束する「企業年金」でもない。金融機関が提供する有税の「私的年金商品」の紹介でもありません。

「21世紀の公的年金」として、社員が自分で努力し、工夫する「自分の年金」です。

「公的年金」は「国の年金」より広い考え方です。

国が運営する「国の年金」が国民年金と、厚生年金です。

これだけに「将来の生活」をすべて任せられるのか？ 出来ないことは当然です。

新しい時代の21世紀を支える「公的年金」が必要です。

「公的年金」だから「国の年金」と同じ経済効果がある（積立拠出には税金も社会保険料も負担しないでいい）。

何も分からない「国の年金」と異なり運用指示を含め、完全に開示され「自分で」納得し、勉強しながら作る「自分の年金」です。

確定拠出年金は明確に，国の法律である確定拠出年金法で「国の年金」補完の地位を与えられ、「国の年金」を総合した公的年金です。

税法上も「公的年金控除」の地位を認められ、立派な「公的年金」です。

国が運営に責任を持つ「国の年金」を補完し、時代に適合する新しいタイプの年金を含めてより大きい「21世紀の公的年金」として位置づける再スタートが必要です。

第7章　新しい企業制度としての「選択制退職準備給付制度」

21世紀の公的年金		
確定拠出年金	選択制任意加入	自分の年金積立
国の年金（厚生年金）	強制一律加入（収入比例年金）	年金受給者給付
国の年金（国民年金）	強制一律加入（基礎年金）	年金受給者給付

　「他人の年金」を負担する「国の年金」だけでは若い人が意欲を失い「年金不信」になります。
　「国の年金」は長い歴史があり、現在の年金受給者が依存していて廃止は出来ない。

　多くの制度上の批判もあり、その改善は必要です。それは政治の課題です。

　法律が用意され、我々に出来ることは「国の年金」を「安心の年金」にして、すべての社員が「安心して働く」職場とすることです。それはどんな小企業にも可能です。

　企業単独では退職後の生活を保証出来ないのは明らかです。

　中・小企業が現在用意している古い「退職金制度」は税法上でこれまで認められていた優遇措置がすべて廃止となり、新しい時代へ適合する「企業制度」の確立を早急に求められています。

　これまでの古い受皿の廃止は現在の古い「企業制度」をそのまま

にして、代わりの受皿を探すことではない。

　古い受皿廃止で、企業に求められているのは、将来本当に負担出来るか分からない（まして債務計上もしていない）企業の現在の退職金制度を、「国の年金」が減額になっても安心して退職後への準備が出来る新しい「企業制度」へ、早急に改良することです。

　これからの新しい「企業制度」の受皿の役割が「自主努力支援」の確定拠出年金法です。

　「確定拠出年金法」が目標とするのは「国の年金」減額下での社員の将来の生活を「安定」させることです。確定拠出年金法の目的は「生活の安定」です。

　企業が「生涯雇用」として退職後までの社員の生活を保証することは、高齢化時代は不可能です。
　「生涯雇用」の労働慣行は、日本の企業経営の強みといわれていましたが、同時に、退職後も「生活の安定」保証が前提です。
　それは高度成長時代だから可能だったのです。

　働けるだけ働かせたが、長い退職後が心配では「生涯雇用」とはいえません。

　確定拠出年金法が「国の年金」や、これまでの企業の「退職金制度」と異なる、新しいキーワードは「選択制」と「自主努力」です。

第7章　新しい企業制度としての「選択制退職準備給付制度」

「国の年金」として、国がすべて責任を負うのでなく、社員の「自主努力」を支援することがこの制度での「国の役割」です。

　この考え方はこれからの企業経営にも大事です。

「国の役割」は、「自主努力する社員」の支援だけに限定されています。

　圧倒的な「若い働き手」を武器に、発展途上国は競争に参加してきます。

　新しい経営手法が必要であり、それは「意欲ある社員」の確保と育成です。

「自主努力」する社員こそ、「意欲ある社員」です。それを大事にする。

　それには「企業制度」を用意して、誰でも使えるというだけでは大事にしたことにならない。

「選択制」とは「個」を大事にすることです。
　選択出来るようサポートすることが必要です。

　社員それぞれが「自分の生活設計」を考える。これが前提です。それを支援することが本当に「個」を大事にすることです。

第 7 章　新しい企業制度としての「選択制退職準備給付制度」

　経済が縮小する 21 世紀は、高度成長の 20 世紀と比べ「不安の時代」です。

　だから「国の支援」を活用出来るように「企業も支援」。
　これを社員に提案して自分の将来の生活を「安定」させるために「自主努力」する「意欲ある社員」に「将来の安心」を提供する。それが社員の「生活設計」確立につながります。

　21 世紀の社員が直面し、確立しなければいけないのは「国の年金減額下の生活設計」です。現役時代収入を物価スライド分まで含めて 6 割確保を約束されていた時代では想像も出来ない問題です。

　2004 年の年金法改正でそれが確定的な問題として現実化したのですが、ほとんどの人が目をそらしています。

　金融機関の関係者は「国の年金が減る」などというのはタブーとまで言う人がいます。

　現実から目をそらすことなくやるべき対策が新しい支援制度である「確定拠出年金法」を活用する「企業制度」の確立です。

　これまでの退職金制度の問題点を完全に克服し、確定拠出年金法が目的とする退職後の「生活の安定」を社員に確実に提供出来ます。

　古い受皿を敢えて廃止してまでして、新しい制度に求められてい

第 7 章　新しい企業制度としての「選択制退職準備給付制度」

るのは、将来の社員の権利保護です。

　権利保護とは単に約束した退職金を払うだけでなく、本来は生涯会社のために働いてくれる社員に、退職後の「生活の安定」を約束するものとより広く考えるべきものです。

　これに代わり「国の年金減額下の生活設計」を企業としても支援する。これが新しい企業制度です。
　そうした考えこそが日本の「生涯雇用制度」であり 20 世紀の日本経済の発展の一つの原動力であったとも言われています。

　一生懸命企業のために、また社会のために努力してくれた社員は、退職後の生活を「安心出来る」ものにする権利があり、企業と国はその義務があります。

　高度成長期の「国の年金」、生涯雇用時代の「退職金」は本来そのようなものでした。

　必ずしも「豊か」な退職後ではないが、安心出来る社会。それが 20 世紀の日本でした。

　今や「国の年金」も不安。国も単独では退職後を約束出来ない。企業も同じです。

　退職した社員への無理な負担を守ろうとしたのが「GM の悲劇」

であり、それを繰り返さない工夫が我々に求められています。

(4) 企業負担でない「国の支援」活用

　将来を約束する「企業年金」は企業の大きい負担です。「先送り債務」問題だけでなく、支払原資の運用責任、管理コスト。到底中・小企業が対応出来ない制度です。

　「選択制退職準備給付制度」はその意味では"**全く企業負担にならない**"制度です。

　社員が制度活用すれば、本来社員に還元されるべき「事業主負担社会保険料」が減額となり、制度運営コストまでも賄えます。

　高度成長下にない中小企業は自分の生き残りに必死です。
　「先送り」どころか、今の賃金を確保し、資金繰りを合わせる。少しでもビジネス機会を見つける。ほとんどの企業の実態です。

　反面で社員を大事にしなければ企業存続も出来ない。これも少子高齢時代の経営の厳しい現実です。

　「選択制退職準備給付制度」は、「企業年金」でも、企業負担の「退職金制度」でもない。

　社員が「国の支援」を活用し「自分の年金」を作る「企業制度」

第7章　新しい企業制度としての「選択制退職準備給付制度」

を用意するだけです。

　企業は「国の支援」がある「企業制度」の活用策を社員に教える。これだけです。

　どんな小企業でも現在の給料を負担出来るのであれば利用可能であり、簡単に制度を作ることが出来ます。

　退職金のように将来負担の心配もない。社員にも将来の安心を約束出来る。

　「企業制度」ですから、「制度運営コスト」が必要です。その負担も「事業主負担社会保険料」減額で賄えるのですから、制度運営にも「国の支援」がある仕組みです。制度活用を促進するために「国の支援」と併せて、「社員の自主努力」に対し「企業独自の支援」を用意することも出来ます。企業に経営余力がある場合の例外です。

　仮に社員の「自主努力」分の2割を「企業支援」すると、驚くべきことに「名目的企業支援額」の約半分は、「事業主負担社会保険料」の減額効果で賄えます。

　「制度運営」だけでなく、社員への「企業支援」にも「国の支援」がある仕組みです。

　「事業主負担社会保険料」の減額効果はそのままでは、法人課税

の増加になり、結果として一部が国に還元されます。

「国に還元」するよりは、社員の支援にまわす。

社員は「国の支援」だけでなく、「企業支援」もあればより制度活用に弾みがつきます。

税納付の減少や、社会保険料の減額が目的ではありません。「国の支援」をより効果的に活用することで、社員が「自分の年金」を作り、法が目的とした「社員の生活安定」と「国の年金」をより安心な年金にすることです。

こうした「企業支援活用効果」は企業経営が順調で黒字経営の場合だけです。その意味で制度運営費用分以外の「企業支援」を、「選択制退職準備給付制度」そのものに恒常的に組み込むことは回避すべきです。

「自主努力」する社員を直接支援するためには「企業利益」から、提供する「賞与」として取り扱うべきものです。

「利益」が出なければ、制度運営は継続しても「企業独自支援」は一時取りやめる。賞与と同じです。

そのことが結果として「利益」が出る経営に、社員の努力を促すことになります。

第7章 新しい企業制度としての「選択制退職準備給付制度」

日本の伝統的退職金制度を残す

日本の伝統的退職金制度は、江戸時代の「暖簾わけ」に由来する考え方もあります。

2000年の会計基準が対象とするのは、企業業績に関係なく、現在負担する給料を、企業の規則で退職時まで繰り延べする「確定給付型退職金制度」です。

国が受皿廃止で転換を求めているのはこの「先送り制度」です。

技術の向上や社業の発展に貢献した社員への配慮である「暖簾わけ」は、全く別の問題です。伝統的退職金制度は「先送り負担」ではなく、通常の社員としての期待を超えた企業への貢献への感謝の表現であり対応です。今後も残されるべきものです。

そのあり方がどうあるべきか？ 経営問題としての経営者の判断です。

第 8 章

どのように「新しい企業制度」を用意するか？

第8章 どのように「新しい企業制度」を用意するか?

> 1. 将来への「先送り」でなく、現在の給付。会社は将来退職金債務がなくなる。
> 2. 社員が自分で選択出来る選択制。選択しない自由もある。
> 3. 社員は「国の支援」で「自分の年金」が作れる。「国の年金不安」を解消。
> 4. 会社は「自分の負担」でない。制度運営にも実質「国の支援」がある。
> 5. 古い退職金制度は残っている。その解決策。

これまでの説明ではいいことばかりです。

それでも「新しい企業制度」の普及はすすんでいません。だから受皿も活用されてない。

退職給与引当金と適格年金の導入時は、日本の企業制度として「確定給付型退職金制度」は既にあった。既存制度の税制上の優遇策だから制度普及が急速に進んだのです。

「新しい受皿(確定拠出年金法)」に対する「新しい企業制度」はまだ日本にはない。

確定拠出年金法が日本版 401_K と俗称されるように、日本で一般的である社会慣行のそのままの受皿ではないからです。

「新しい企業制度」提案こそがまず必要であり、それが「選択制退職準備給付制度」です。全く新しい制度ではありません。これまでの廃止された受皿を利用してきた古い企業制度である「確定給付

第8章　どのように「新しい企業制度」を用意するか？

型退職金制度」の新しい時代への改良版です。

　企業が一律に決める方式から、社員が選択する方式への「小さいが当然の改良」です。

　既にもっとも革新的企業が先鞭をつけていることもご紹介しました。

　この説明が前章までです。しかしこのままでは誰も実現出来ません。

　廃止された「退職給与引当金」と異なり、「選択制退職準備給付制度」の受皿としての確定拠出年金の活用はどんな零細企業でもすべて、厚生労働省承認が必要です。

　「国の支援」がある制度ですから、止むを得ないのですが、「選択制退職準備給付制度」の内容もあまりよく理解していない企業には大問題です。

　会社が決めて社員に一律提供するのでなく、社員選択制だから、事務手続きも複雑。

　「選択制」など社員に理解させるのも大変。

　本書はその詳細を記載するのが目的ではありません。専門的知識

も必要だからです。そのためこの実現には「業務代行サービス」を前提にしています。その意味で導入に業務負担上の障害もなく、厚生年金加入企業であればどんな企業でも導入可能です。

　本章の記述は「業務代行サービス」を活用しながら企業としての実行が必要な業務の概要です。

(1)「必要性」と「国の支援」効果。社員に「本当の理解」を求める

　すべての社員が将来の「国の年金」を心配しています。

　心配どころか若い社員は「自分の頃はもう年金などもらえない」とさえ真剣に考えています。
　しかし企業も「国の年金」の保険料を負担しています。それをやめることは出来ません。

　それに対する「回答」です。

　「国の年金」が不安なら、「自分の年金」を作る。それに「国の支援」を実現する。それを自社の「企業制度」として用意し、社員に利用の機会を提供する。それだけです。

　「選択制」ですから、全員活用は必要がない。本当に理解するまで、一部社員は利用しなければ、それで止むを得ない。控えめな提案です。「選択制」であり、まず実行。周りの人が実行すれば、他

の社員も必ず理解する。これも簡単に導入するための考え方です。

　しかし新しい制度はどんな場合もスタートが大事です。

　この意味では全部の社員に理解してもらう真剣な努力がスタート段階でこそ必要です。

　難しい企業制度の説明ではない。制度の「必要性」と「国の支援効果」を「自分の場合」として具体的に理解して頂くだけです。

　それには社員それぞれの立場からの説明が必要です。

　第1のポイントは「制度活用効果」です。仕組みは第3章でご説明しました。これは考え方です。それだけでは抽象的です。具体的に数字で示すことが大事です。

　「活用効果」も次の「国の年金減額」も長期の累積ですから、年齢により異なります。効果的なのは社員別の説明ですが導入検討段階ではその機会は与えられません。110ページのような「年齢別モデルデータ」での説明にとどまります。

　「本当の理解」を得るための第一歩がこれで充分可能になります。このような説明手法が、一般的説明でなく、「個」への取り組みであることが充分理解されるからです。

説明の第2のポイントは「国の年金」の減額予測です。

何故「自分の年金」が必要か？　日頃不安に感じていた問題です。

社員は年齢段階別説明に「自分の場合」を当てはめて納得出来ます。より具体的数字が与えられれば、本当に共感してもらえるでしょう。

最後に限度額まで活用すれば、「国の年金減額」をほぼ完全に充足出来ることです。

この説明は重要です。目的が達成出来ない中途半端な対策には誰も真剣にならないからです。

完全活用に努力すれば「目標」を達成出来る。
　本格的な「国の年金補完制度」であることが、法律や制度の抽象的説明でなく「自分の場合」として完全に理解出来ます。

第8章 どのように「新しい企業制度」を用意するか？

社員の年齢別公的年金減額予測と「国の支援」活用効果

年金月額（万円）	月額生活費（万円）	物価上昇率（％）	運用金利（％）	長寿予測
23.3万円の場合	26万円の場合	1.2%	2%	83歳

現在の年齢（歳）	25	30	35	40	45	50
合計生活費（長寿予測迄合計）	8,907	8,392	7,906	7,448	7,017	6,611
改正前合計年金額	7,982	7,520	7,085	6,675	6,288	5,924
改正後合計年金額（改正法計算）	4,471	4,471	4,471	4,471	4,471	4,471
65歳時必要準備額（改正前）	925	871	821	773	729	686
66歳時必要準備額（改正後）	4,436	3,920	3,435	2,977	2,546	2,139
年金減のため必要準備額増加	3,511	3,049	2,614	2,203	1,817	1,453

選択年額（万円）	国の支援年額	社員実質負担
年額61.2万円の場合（限度引上後）	年額18.0	年額43.2万円

現在の年齢	25	30	35	40	45	50
国の支援累積（A）65歳迄	721	631	541	451	361	271
同運用益	379	279	198	133	82	45
自分の負担累積（B）	1,237	1,083	928	773	619	464
同運用益	650	479	339	227	140	76
（同非課税効果分）（C）	159	114	79	51	31	16
企業支援累積（D）	490	428	367	306	245	184
同運用益（E）	257	190	134	90	56	30
制度利用65歳時準備可能額	3,734	3,090	2,508	1,980	1,502	1,069
制度利用しない場合（65歳時）	1,728	1,448	1,188	949	728	524
国の支援合計（A+B+C）	1,259	1,025	818	635	474	331
企業支援累積（D+E）	747	618	502	396	300	214
社員の制度利用効果合計	2,006	1,643	1,319	1,031	774	545

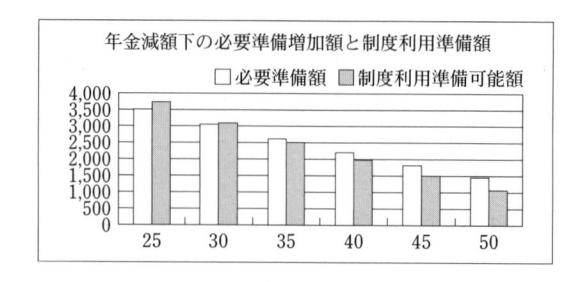

年金減額下の必要準備増加額と制度利用準備額
□必要準備額　■制度利用準備可能額

> 制度を完全活用すれば年金減額による必要準備額を確保可能

(2)「社員の権利保護」を完全にする「改良」案としての提案

　古い受皿(「退職給与引当金」と「適格退職年金」)を敢えて廃止し、選択制の新しい受皿を国が用意したのは、これからの経営負担にならず、同時に「国の年金不安」の対策が出来る、新しい「企業制度」へ、現行の問題のある企業制度の「改良」を求めているのです。

　目的は GM の過ちを繰り返さないための「社員の権利保護」です。

　先送りされた退職金が将来払ってもらえない時、本当に困るのはそれを期待していた社員です。退職した、また退職間際の社員はもはや、やり直しが出来ない問題です。

　敢えてこれまでの「退職金制度」への古い受皿(「退職給与引当金」と「適格退職年金」)を廃止し、「社員の権利保護」を確実にする新しい企業制度への転換が国から求められていることの必要性を社員に強調して、この変更は社員のための変更であることの説明です。

　GM の経営者も、よもや倒産して 49 万人の過去 GM のために尽くした社員に迷惑をかける気持ちはなかったでしょう。

　倒産すれば「遺産コスト (Legacy Cost)」が減少して「競争力」が出来たと、過去の関係者に無関心な新しい経営者は逆に「高く」

評価しています。それは49万人の退職者のつらい犠牲の上での「競争力」です。

　同じ制度を残せば、すべての企業に予想される悲劇です。

　この意味で国が、現行優遇制度を廃してまで求める「確定給付型退職金制度」の「転換」が最初に必要です。それが将来の経営に負担を残さない安心の経営となります。

　(現在「確定給付型退職金制度」を持たない企業はそのまま制度創設が可能です)

　関係者が回避している問題の同時解決を、ご提案するのは次の理由です。

(イ)「選択制」こそ、より受け入れやすい「改良」提案

　古い受皿(「退職給与引当金」と「適格退職年金」)は「一律方式(年齢や勤続年数で割合は異なる)」が前提で、新しい受皿は「選択制」がキーワードです。

　どちらも原資は「社員が自分で企業に貢献した分に与えられる報酬」です。すべての社員が、将来の退職準備のためには「一律後払い方式」より、自分で判断出来る「選択制」への改良を望みます。「現行制度廃止」しての「新制度導入」ではないのです。

「一律制」の現制度から「社員選択制」への前向きな、かつ社員には受け入れ易い「改良」案です。

今まで実現出来なかったのはそのような「選択制」を可能とする「国の受皿」がなかったのです。それが確定拠出年金法です。

「選択制」への「改良」提案こそ、企業にとって将来負担になる「一律方式」の退職金制度を改良転換して、GMの過ちを繰り返さない「国」から与えられた唯一の機会です。

(ロ) 社員の「自分の年金」作りへ、「国の支援」をつなぐ企業制度

長い間継続した「退職金制度」は社員には大きい既得権です。
廃止は企業にも社員にも容易でないと考えられています。だから多くの企業でそのままになっています。

それを支える「国の制度」は完全に廃止され、また廃止されようとしているのです。「国」の支援がない「退職金制度」では企業として社員のために退職準備を確実に用意出来ない。

古い制度廃止の機会こそ、これまでと同様に「国の支援」を受けられる新しい制度への転換が必要であり、また転換をすることの説明が可能です。

これまでの「国の制度」が廃止されたのは、国が支援する「企業

制度」そのものが「社員の権利保護」に充分でないとされたからです。

　事実適格年金や厚生年金基金でも、必要な給付を可能にする積立準備が不足している企業がたくさんあります。

　GMの倒産は海の向こうの話ですが日本を代表する航空会社であるJALも政府支援の条件に退職者への年金給付水準の減額が提案されています。

　このような事態を再び繰り返さない。だから古い問題のある「企業制度」への「国の支援」が廃止されたのです。

　「社員の権利保護」を確実にし、同時に「国の年金不安」に備えることの出来る「自分の年金」を作ることが目的です。
　企業と国での社員の将来を支援するために、現在の制度を廃止するのでなくより改良された「企業制度」にする（または創る）ためであることの説明です。

　本書では再三GM倒産に言及し、ある意味では大袈裟ですが、中・小企業はもとより、現在の経営には充分自信のある企業でも、問題の重要性を納得して頂けるための例示としての活用です。
　今の話題であるJALの年金半減も日本で起きる「他山の石」です。

　「自分の年金」に「国の支援」を導入のための企業制度であるこ

との説明が大事です。

「退職金制度」は運用責任を企業が負担していた。確定拠出年金転換は「社員への責任転嫁」と消極的に理解されています。この点を捉え転換に難色を示す社員もいます。

しかし「自分の年金」作りであれば話は別です。

それに「国の支援」があるのです。「自分の年金」作りは自分で面倒見なければならない。だからこそ「国の支援」があるのです。「自分の貯金」と同じことだからです。

(ハ) 新方式は社員の権利保護が目的

社員の権利を守るための新しい「国の政策」です。

将来の債務となる「確定給付型退職金制度」への税制上の支援をする「退職給与引当金」は企業の法人税を安くなるだけ。将来の退職金原資はどこにもありません。

将来の退職金を外部拠出する。これが「税制適格年金」でした。現実には半数以上の企業が必要な原資の外部拠出が出来なかった。退職金を支払うための積立金が半数以上の企業では不足しているようです。

「税制適格年金」の利用を金融機関により認められた中・小企業

第8章 どのように「新しい企業制度」を用意するか？

の中でも優秀企業さえその現実です。

これでは社員の退職金を確実に負担出来るとはいえない。

「退職給与引当金」と「税制適格年金」を廃止し、社員の権利保護を完全にする。

社員の権利保護には、本来給付すべき社員への配分は、給料として全部支給するか（この場合税金と社会保険料負担）、将来退職金分として社員の権利を確実にする外部拠出の方法だけです。

権利保護のためには外部拠出した拠出金を、社員の管理下におく（確定拠出年金法）か、企業が給付責任を持つ（確定給付企業年金法）2方式だけがこれからは認められます。

これだけでは中・小企業はシャットアウトです。給料として支払うだけのお金があれば全部給料が喜ばれます。

社員に給料として支払う分は全部給料にしますが、社員が選択した金額だけ「自分の年金」として「現物支給」にするかの選択です。この「現物支給」分に税・社保の負担がない。

これが「選択制退職準備給付制度」です。「現物支給」も本来は課税対象ですが、「国の年金」を補完する「自分の年金」としての「現物支給」だから課税（社保負担）対象にしない。

これが確定拠出年金法の用意した「国の支援」です。

(二) 賞与的退職金制度の創設

長く企業に貢献してくれた社員にその退職時に、今後その功績を基礎に、企業を発展させる経営者と社員が、謝意を表現するのは当然のことです。

日本の退職金制度は「暖簾わけ」もこうした制度のルーツです。

「一律強制方式」の退職金廃止に対応して、この伝統的退職金制度の創設も、転換にあたり大事な対応策です。（101ページ参照）

これは毎年の賞与と同じように、退職時に企業がそれだけの経済的余裕がある場合だけです。金額を約束するものでもない。
当該退職社員が将来の経営に、これまでどれだけ貢献してくれたかの退職時の経営者の判断です。

退職者も、自分の生涯の努力が、引き継いで行く後輩に感謝される満足は大きいでしょう。
見送る現役社員も自分もそのような貢献をしたいと努力する筈です。

日本の本来の伝統的退職金制度は本来このようなものでありその復活でもあります。

(3) 規約承認を「国」から得る。総合型確定拠出年金の活用

　中・小企業が活用していた「退職給与引当金」は税務申告時の作業だけで簡単でした。簡単であることが制度普及を促しました。

　新しい受皿の「確定拠出年金」は、どんな零細企業も厚生労働省の規約承認が必要です。これは大変な作業です。

　「確定拠出年金」法施行時に「確定拠出年金」は、「中小企業の年金」と宣伝した厚生労働省も、実際の普及には手を貸してくれません。

> 　冒頭にご紹介したアメリカ大統領のオバマさんの配慮とは、大違いです。
> 　中小企業と大企業にはどうしても経営上の格差があります。その中小企業格差を埋める努力がアメリカ401kの新しい動きです。

　サービス提供の金融機関も小企業は「個人型」でお願いして、零細中小企業はシャットアウトです。それがビジネス効率です。

　しかし「個人型」には「社会保険料の減額効果」がありません。

　「確定拠出年金」の最大のメリットは「社会保険料の減額効果」です。

　問題は中小企業の企業型加入は単独では困難であることです。

第8章　どのように「新しい企業制度」を用意するか？

　仮に加入時手続きをクリアしても、拠出金を信託財産にする場合に信託手数料が著しく割高です。加入時手続きを簡単にして少額の信託財産でも、利用可能にする方法が総合型確定拠出年金の活用です。

　総合型方式は同じく中小企業のための総合型厚生年金基金を想定されますが、活用の仕組みは全く異なります。

　選択制総合型確定拠出年金は選択制ですから、一般的規約以外は任意に選択活用出来ます。その意味では運用対象資産に特別な注文がなければ、「選択制総合型確定拠出年金」の利用が一番便利な仕組みです。

　総合型厚生年金基金は規約で決めた「確定給付年金」を全加入企業の社員に保証します。仮に特定企業が業績悪化しても、脱退しない限りその負担金を全加入社員に支払う義務があり、その責任を参加したすべての企業が負担します。

　中小企業では継続困難な仕組みです。

　「選択制総合型確定拠出年金」の加入は極めて簡単です。

　121ページの内容を記入するだけでいい。（WEB上でも申し込めます。　http://www.fanjapan.com/）

第8章　どのように「新しい企業制度」を用意するか？

　すべての加入申請に必要な書類が即座に用意され、検討のうえ加入出来ます。加入手続きはその後の事務処理とともに全部アドバイザーが「業務代行」します。企業は一切の手数がなく、社員のために「国の支援」を受ける制度が用意出来ます。

　企業の努力は社員の理解を得ることです。社員が「理解して加入」すれば企業も拠出分相応の「事業主負担社会保険料」が減額になります。その意味では「社員理解」への努力は、事業主利益につながります。

　このためこの制度を「社員も、会社も得する年金」と評したアドバイザーがあります。制度加入時の企業負担はこの記入だけです。

　残りのすべては「社員理解」への努力ですが、その努力はすべて「社員の幸せ」につながります。

「国の年金不安」の解消。

「自分の年金」作りへの「国の支援」の活用。

「資産運用の基礎知識の習得」。

そして、

「国の年金減額下の生活設計の確立」による「生活の安定」です。

第8章 どのように「新しい企業制度」を用意するか？

企業	フリガナ	
	会社名	
	フリガナ	
	略称	
	業種	□建設業　□繊維業　□化学工業　□金属機械工業 □製造業　□卸小売業　□金融保健　□運輸通信公益事業 □サービス業　□農林水産・鉱業　□その他
	加入中の他の制度	□適格年金　□厚生年金基金　□確定給付付企業年金
	厚生年金被保険者数	人
	制度予定実施日	年　月　1　日
	フリガナ 住所（登記上）〒	□□□-□□□□
	□登記上住所と同じ	
	フリガナ 住所（実務場所）〒	□□□-□□□□
	TEL	FAX

代表者	フリガナ	
	氏名	
	役職名	
	E-Mail	

担当者	フリガナ	
	氏名	
	担当部署名	
	役職名	
	E-Mail	

第8章　どのように「新しい企業制度」を用意するか？

ご参考　「総合型」厚生年金基金と総合型選択制確定拠出年金

いずれも中・小企業の簡易参加を目的とした制度ですが大きい制度上の差があります。

1.「選択制」で、同一規約でも任意の選択利用が可能

「総合型」ですから同じ規約に参加企業が従う点は同じです。

「総合型」厚生年金基金は確定給付方式です。すべての参加企業は当初設定した（途中の変更でも全社同一）の確定給付退職給付債務を負担することになります。

これは中・小企業の場合は困難です。長い間には業容は変化します。全参加企業が確定給付債務を確実に履行することは困難ですが、全部の参加企業が合意した規約で定められる確定給付の退職給付を、参加企業の全社員に負担する基金は、全参加企業に約束の債務履行を求めます。

それを経営状態が不安定な中・小企業に継続的に求めることは無理な相談です。「選択制総合型」確定拠出年金は全く異なります。法律も「総合型」を使わず「共同」の文字を使っています（確定拠出年金法2条2項）。

「共同」利用ではあるが選択制です。

第8章 どのように「新しい企業制度」を用意するか？

　同一規約を使うのは同じであり、すべての企業の参加に厚生労働省の個別承認を必要とする現在の方式では同一規約を使う便益は非常に高いといえます。

　同一規約を使っても「選択制」であればその利用の仕方は自由です。全参加企業が「総合して」従うことを義務づけられる確定給付方式でないので、個別企業が負担出来ない退職給付債務負担をすることはありません。

　同一規約を「共同」で使うメリットがそのまま活用出来ます。一番大きいメリットは年金資産の「共同信託」です。安い信託報酬で信託できます。安いだけでなく小規模企業は単独では制度受託そのものも関係金融機関が引き受けてくれないのが実情です。「共同信託」しても、管理は参加社員別であり、金融機関に預金すると同じことです。

資産残高区分	料金（年率）	資産残高区分	料金（年率）
5億円以下の部分	0.10%	20億円超50億円以下の部分	0.07%
5億円超10億円以下の部分	0.09%	50億円超100億円以下の部分	0.06%
10億円超20億円以下の部分	0.08%	100億円超の部分	0.05%

　金融機関でも預託された資金はプールされ分別運用されていません。預金者別に計算管理されているように、この場合も金融機関が共同して用意した信頼出来る「記録関連運営管理機関」が参加社員別に計算管理しています。

2. 参加企業と代表企業の社内管理事務処理

「総合型」厚生年金基金の事務局の相当する機関が「代表企業」です。資産運用管理は記録関連運営管理機関に委託しても企業側の事務処理は残ります。

企業単位の管理で、給付時にだけ給付事務の発生する「総合型」厚生年金基金に比べてすべての社員情報（拠出選択金額）を全参加企業について処理する「代表企業」事務処理は大変です。拠出金額そのものを社員が年2回変更可能とする選択制です。

社員別記録管理は「記録関連運営管理機関」に外部委託しても、照合確認のための内部管理事務はすべての参加企業に必要であり、第1次的責任です。それを全参加企業のために確実に処理する企業側業務代行サービスとその信頼出来るシステム化がすべての中・小企業の参加を可能にする鍵を握っています。

◎加入企業業務処理（企業選択…）
- 企業登録管理
  加入登録企業データ更新等を連絡・管理
- 社員情報導入
  加入対象全社員の情報を設定
- 加入者等の管理
  加入社員の掛金選択管理、休職、退職社員のサポート
- 活用効果とレポート
  活用効果の説明を社員別データで具体的に説明
- 業務レポート
  掛金明細などの業務関連レポートを受取・確認

◎掛金管理
- 月次拠出履歴
  加入企業の月次拠出明細
- 掛金納付管理
  加入企業毎の納付状況を確認し、滞納の場合督促。

(4) ひとりひとりの社員に説明し、理解を求める

　制度は「企業制度」ですが、目的は社員の「自分の年金」作りです。それが何故必要か？　制度を活用すればどんな「国の支援」が期待出来るか？　それをひとりひとりの社員に説明し、理解を求めることが制度導入成功の鍵です。

　本章第１項の社員説明は制度導入前の説明です。

　この段階ではひとりひとりの社員に説明は出来ません。年齢別モデルの提示だけです。制度導入後はひとりひとりの社員に説明が可能になります。かつ絶対に必要です。この段階でのひとりひとりの社員への真剣な説明が成功の鍵です。しかし社員は多数です。時間的にも、与えられるコスト面でも全部の社員に面接しての説明は難しい。

　可能にするのが「社員別レポート」を活用しての説明の工夫です。

　集団としての説明またはレポートを受け取っただけかも知れませんが、出席社員は「自分への説明」と受け取ってくれるでしょう。人数が少ない企業には複数企業を纏めての説明も可能です。

　アドバイザーは一人ですが受取る社員は「自分への説明」です。この場合も２段階です。

第8章　どのように「新しい企業制度」を用意するか？

第1段階　「社員別レポート」を活用しての集団説明（利用方法とサンプルは、128～130ページ）

「社員別レポート」は企業から社員名以外の関連社員データの提供を受け、アドバイザーがシステムを活用して作成します。

提供頂くデータは、「社員番号（社員名は利用しません）」「生年月日」「家族構成（年齢）」だけです。収入は原則として年齢階層別業種別平均データを活用しています。計算しているのは年金額そのものの予測でなく、改正法による減額＝対策必要額です。

年金額そのものの予測は大変難しい。将来の収入変動などを、すべて正しく予測しなければならないからです。

しかし2004年の年金法改正による減額予測は比較的正しく計算出来ます。

それはこれからの収入や家族構成その他の受給基準で決まり、正しい予測は困難です。

関連データを同一にして、人口変動予測だけを国立社会保障人口問題研究所予測で計算出来るからです。

このサービスは年金額の予測が目的ではありません。

大事なことは社員それぞれに問題の重要性を「自分の問題」として理解して頂くことで、制度利用して頂くことです。

第2段階　社員別個別ニーズ（制度利用しない理由）に基づく説明

原則として全員利用が目的です。

「国の年金」減額対策だからです。すべての社員が「国の支援」を受けて頂きたい。このため最初から加入しない社員（前項の社員別レポート説明会で理由を記入して参加しない社員）への、今度は本当の社員が指摘した理由に基づく個別説明です。

時間も必要です。当然一度には出来ない。時間をかけてのサービスになります。それぞれの事情はあります。難しい相談です。

成否はアドバイザーの誠意と努力そして工夫です。

第8章　どのように「新しい企業制度」を用意するか？

社員別レポートのご利用方法

　サービスの導入には「社員説明会」を実施、理解を求めることが必要です。この制度は社員選択制です。本格的導入はひとりひとりの社員へ提案が必要です。

　第1段階での提案が社員別レポートの活用です。

　レポートはそれぞれ社員別に作成されています。結果として社員はあたかもアドバイザーが自分に話しかけてくれる「自分の問題」として真剣に受取ることが出来ます。

　レポートには会社が契約したアドバイザーの名前が印刷されていますので、社員は個別に相談も可能な仕組みです。制度利用の申込欄があり、選択申込はこの段階で完了します。問題は申込をされない場合です。理由記入欄があり、理由を必ず記入してもらうよう依頼します。それぞれの理由に対応した詳細な相談に個別に応ずることが出来ます。

　社員別レポートについて社員は「何故自分のデータが？」と不審に思うでしょう。企業の持っているデータを利用しての企業側のレポートであることの説明が最初に行われるべきです。この説明は二重の効果があります。

　第1は「企業制度」としての信頼性です。

　「国の支援」のある公的年金の説明だけでは理解は出来ても身近な信頼になりません。「企業制度」としての身近な信頼性こそ大事です。

　第2は「企業の持っているデータを利用」して作成するレポート内容の信頼性です。

　企業が「自分のため」に作成してくれたことによる企業への信頼性も高まります。一番重要なことはレポートの限界です。制度利用効果は概算計算であり、本当の減額効果は「標準報酬月額」の変更によるものであり、その変更は現在の収入と制度利用金額如何で大きく異なります。「アドバイザーに相談して欲しい」この付言が必要です。

　第3は年齢以外のデータは全部平均値であり、その限界です。

　「それではどうすればいいのか？」それも「アドバイザーに相談して欲しい」の付言です。

第 8 章　どのように「新しい企業制度」を用意するか？

年金不安を解決
公的年金半減時代です。準備は今直ぐ始めましょう！！

貴方の老齢年金は 2004 年年金法改正でどれだけ減額？

改正前	改正後	軽減予測
6,444	4,117	2,327

(金額単位：万円)

＊上記計算は将来の物価上昇率予測 2.0%、平均の賃金上昇率 2.0%、運用利子率 2.0%、予測及びマクロ経済スライド調整率として、社会保障人口問題研究所が発表した生産年齢人口減少率で計算しています。

若い人ほど大きい影響です。対策へ「自主努力」が必要な時代です。自主努力へ「国の支援」が用意されました。自主努力を「国が支援」するため税金と社会保険料が軽減され、積立分への必要資金が少なくて済みますので「とてもお得」です。支援を定めた法律が確定拠出年金法です。折角の支援策です。最大限に活用しましょう。

確定拠出年金法の目的

第1条　この法律は、少子高齢化の進展、高齢期の生活の多様化等の社会経済情勢の変化にかんがみ、個人又は事業主が拠出した資金を個人が自己の責任において運用の指図を行い、高齢期においてその結果に基づいた給付を受けることができるようにするため、確定拠出年金について必要な事項を定め、国民の高齢期における所得の確保に係る自主的な努力を支援し、もって公的年金の給付と相まって国民の生活の安定と福祉の向上の寄与することを目的とする。（確定拠出年金法）

国の支援策は具体的にどれだけプラス？

公的年金が不足

税金と社会保険料を通常に負担　　税金と社会保険料負担を減額

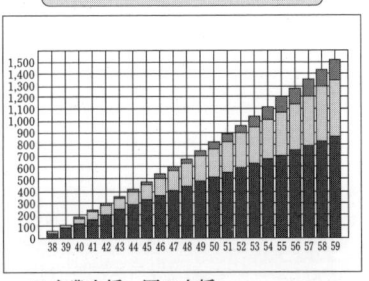

■ 自分の負担　　□ 運用益　　■ 企業支援　　国の支援

制度利用には税金と社会保険料減額による国の支援があります。拠出額（毎月積立額）との差額が貴方の将来のため我慢が必要な資金です。必要資金月額に対し、税金と社会保険料減軽分の割合が支援割合です。

税金と社会保険料減額分 / 必要資金（「拠出額」－ 税金と社会保険料減額分）＝ 支援割合

拠出額（毎月積立額） 4.0万円　必要資金月額 3.0万円　支援割合 34.2%

国の支援を最大限に活用すると貴方の場合はこれだけ有利な制度です。是非ご活用下さい。
減税分は収入と家族構成でそれぞれ異なります。この支援割合は貴方の場合の計算です。

第8章 どのように「新しい企業制度」を用意するか?

年金不安を解決

公的年金半減時代です。準備は今直ぐ始めましょう！！

公的年金が軽減になれば生活を支える努力が必要です。どれだけ努力すべきか？それぞれの目標です

(金額単位：万円)

		退職時(60歳)	万一の場合	障害の場合
毎月の生活費	地域平均	27	20	23
生活費の累計		11,209	7,442	11,535
公的年金の累計	改正前	8,696	3,925	8,702
	改正後	5,430	3,358	6,711
必要な準備額	改正前	2,513	3,518	2,833
	改正後	5,779	4,084	4,824

(1) 生活費は地域の平均です(総務省家計調査より)。退職時は60歳家計の地域別生活費、万一の場合は現在の生活費の7割、障害の場合は8割で計算しています。障害の場合は介護費用として1割を加算しています。
(2) 生活費の累計は(1)で計算した毎月の生活費を以下の期間まで累計しています。累計には予測運用金利で表示時期の価値に換算しています。生活費の累計には介護費用と教育費も合算しています。

 退職時　　　男性83歳、女性88歳まで　　　　　退職時60歳価値に換算し合計
 万一の時　　配偶者が年金を受給する65歳まで　　現在の価値に換算し合計
 障害時　　　男性83歳、女性88歳まで　　　　　現在の価値に換算し合計

(3) 現在の年収から想定した生涯賃金が22歳から退職まで厚生年金加入費としてそれぞれの年金を計算し累計しています。
 計算方法は(2)と同じです。年金は本人年金だけでなく配偶者年金も加算しています。
(4) 必要な準備額は、予想される生活費の累計から公的年金の累計を差し引いた結果です。平均的生活を維持するためにはこれだけの準備が必要です。
(5) それぞれ不足額がある場合には、保険で必要額だけを有効にカバーすることが出来ます。

制度が理解できない？個別に相談が必要

● 加入選択した場合は、選択金額を必ず記入してください

| 選択可能金額 | 5,000 | 10,000 | 15,000 | 20,000 | 25,000 | | |

| 選択金額 | 　　　000円 | (上記「選択可能金額」から選択してください。) |

フリガナ				
氏名	(姓)		(名)	
フリガナ				
社内氏名	(姓)		(名)	
郵便番号(住所)	□□□-□□□□			
住所(カナ)				
住所(漢字)				
電話番号				
入社年月日(西暦)				
基礎年金番号				
メールアドレス				

● 加入選択しない場合は、下記理由に✓してください。(その他を✓をした場合は、詳細内容を記述してください。)

- 制度が理解できない　□
- 現在貯金できない　□
- 60歳まで出せない　□
- 財産があり必要ない　□
- その他　□

第 9 章

これまでの退職金制度を どのように転換するか?

第9章　これまでの退職金制度をどのように転換するか？

　様々な退職金制度がありますが、その仕組みを共通に表現するとすれば「退職時給与比例給付を企業が約束した退職金（企業年金）」であり、「退職時給与比例給付」であるが故に社員には魅力的、会社には大きい負担であることです。

　第2のポイントは企業としての「退職時給付」の約束です。
　この点が社員の権利保護にならないとして、税制支援でこの制度の維持拡大を図ることをやめ、原則として「現在拠出」を前提とする企業制度であることを税制支援の条件とした最大の目的です。

　転換が必要なことは国がその様な制度を支えるすべての税制支援を廃止したことで明らかです。
　問題はどのような制度に転換すべきかであり、これが本書の提案です。

　新しい制度への転換の前提は企業制度転換を求める目的を見失わないこと。
　そしてより時代に適合した社員にプラスになる方式であることです。
　それでなければ「現在の給与」の後払い分を「退職時給与比例」に転換される点で現行制度が、社員には極めて魅力的であるからです。

　それを上回る魅力ある提案であることが必要で、それが以下の2点です。

第9章　これまでの退職金制度をどのように転換するか？

(1)「自分の年金」を作る。「社員の不安」に応える

　退職金制度は本来退職後の生活安定が目的です。それは日本の「生涯雇用制度」と結びついた仕組みです。
　そして日本では「国の年金」が「現役時代収入の6割確保」とまで約束され「国の年金」と2人3脚での退職準備でした。

　そのどちらもがぐらついているのです。

　社員は定年まで同一会社に勤務することはもはや前提にしていません。生涯雇用を前提にしての退職金制度は勤続年数を支給条件とする限り、意味を失いつつあります。

　新しい退職準備が「自分の年金」です。

　自分の生活管理が前提です。年金も自分で管理。
　これが「自分の年金」の考え方です。どんな社員も「自分の年金」を望むでしょう。すべての人に退職後の生活はかけがえのない、かつやり直しが出来ない大事な問題です。

　その中心が「自分の年金」であり、一番大事な財産としてすべての社員の目標になります。それを企業として制度化する。
　これにより「自分の年金」作りに税金も社会保険料賦課もない「国の支援」が得られるし、それを企業も支援する方式こそが、より豊かな「退職準備」を社員に提案で出来ます。

(2)「選択制」であること

「国の年金」も「企業退職金」も、妻は家庭を守り、永続勤務。そして日本人であることが前提です。勤続年数が条件で優遇加算されますから定年まで勤務することが有利であり、転職者や外国人には不利な制度です。

これからの社会は多様なニーズを持つ異なる人々が働く社会です。それぞれの社員もそれぞれ異なる考えがあります。そのすべてを一律な方式で満足する「企業制度」は困難です。

「選択制」がキーワードであり、「国の年金」も「企業退職金」もこれまではその条件を満たしていません。

税制支援をする古い国の制度が「選択制」を認めていなかったからです。

それはすべて廃止され新しく用意された確定拠出年金法は初めてそれを可能にしました（同時施行の確定給付企業年金法は企業の一律制度が前提）。その活用です。

日本でももっとも革新的企業2社がこの特色を活かし「選択制」を採用していることはすでに述べました。

「選択制」への転換提案こそすべての社員に受け入れられます。

第9章 これまでの退職金制度をどのように転換するか?

その選択も一番社員が必要と感じている「自分の年金」作りに「国の支援」を受けるための選択です。

理解して頂ければすべての人に選択して頂けます。

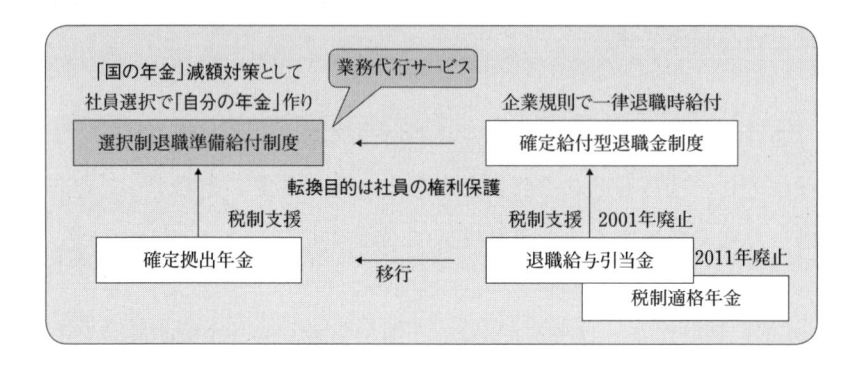

```
「国の年金」減額対策として        業務代行サービス
社員選択で「自分の年金」作り                企業規則で一律退職時給付
   選択制退職準備給付制度     ←      確定給付型退職金制度
              転換目的は社員の権利保護
         税制支援            税制支援  2001年廃止
   確定拠出年金     ←      退職給与引当金
                  移行                    2011年廃止
                                   税制適格年金
```

日本では確定拠出年金法は2001年に施行されましたが、その普及はすすんでいません。

折角の「国の支援」制度を活用するための「企業制度」提案がなかったからです。

「退職給与引当金」も「税制適格年金」も、企業制度である「確定給付型退職金制度」の受皿です。

受皿が廃止されたのはその受皿に問題があったのではない。

受皿が支えてきた「企業制度」そのものが企業の将来の大きい負担となり、結果として「社員の権利保護」にもつながらないとして、転換を求めているのです。

新しい企業制度が前記の２条件を満たす「選択制退職準備給付制度」であることに異論はないでしょう。
　新しい企業制度は、「選択制」だけと言っても過言ではないと思います。

　先進的大企業は自分で工夫し、こうした制度を作り、運営することが出来ます。
　金融機関がそれを応援してくれます。

　どんな零細企業でも苦しい中から、「国の年金」のための厚生年金保険料を負担しています。
　この補完のための「国の支援」を受けられるのは本来平等である筈です。

　現実は極めて大きい「中小企業格差」が生まれています。

　その解決を「効率性」だけを重視する私企業レベルでは非常に困難です。
　中小企業にサービスを提供しないだけでなく、管理手数料も倍です。（123ページ）

　アメリカのオバマ大統領のような、より一歩を進めた「政治の指導」がこうした「中小企業格差」を解消出来る唯一の方策です。そしてそれが政治の本来の役割です。

(3) 既存の「確定給付型退職金制度」の具体的転換

既存の「確定給付型退職金制度」は企業と社員との契約であり、転換は社員の同意が必要です。

前提は「より社員にプラス」である提案です。プラスであれば「税制支援」を打切られた旧制度の存続を主張する社員はいないでしょう。

「税制支援」を国が打ち切ってまで転換を求めているからです。

転換を求める理由も「社員の権利保護」です。

しかし過去の契約の尊重を社員としては当然主張します。企業としてもその権利を尊重すべく以下の対応は原則として必要です。

(イ)「毎年の後払い給与相当額」の現在給与への上乗せ支給

現行の退職金規程に基づいて、前年末退職時の退職金要支給額Ａと今年末退職金要支給額Ｂの差額を計算し、現在給与に「上乗せ支給」します。

ここまでは「退職給与引当金」の計算と同じです。

しかし現実に支給するのですからこの「上乗せ支給」分から事業

主負担社会保険料相当額を減額します。社員は自分の現在給与が結果として増えるのでこうした方式での転換は異論がないでしょう。

上乗せする部分は「基本給」には加算せず別の「退職準備手当(仮称)」とします。結果として「基本給」を計算基準とする他の手当に影響しません。

現実に給付することで社員の権利保全の目的は完全に達成されます。結果として企業側は、この「現在給与」水準での後払い分が将来の退職時に「退職時給与」水準に引き直されるリスクを回避出来ます。

(ロ) 過去勤務期間対応の退職金

現在退職として過去の退職金を計算し、その金額Aを確定します。これは過去勤務分です。退職金の支払いは退職時です。金額を確定の上、支払い時期は退職時であることを前提に社員それぞれに退職時給付を契約します。

過去勤務分について税制適格年金の契約があり外部積立金がある場合は、その残高を、全社員合計退職金を分母とし、当該社員の退職金を分子とする割合で、外部積立金分総額から社員別持分Bを算出し、新しい「選択制退職準備給付制度」で契約される確定拠出年金の当該社員口座に振込みます。

第9章 これまでの退職金制度をどのように転換するか？

　当該社員が制度選択をしない場合は「前払い退職金」として給付します。

　その場合には社員は退職していないので「退職所得」とならず、「一時所得」になり、税制上不利であることを必ず説明して頂きます。

　「A－B」は退職金の現在債務の未払い分です。この金額についても金額を確定の上、支払い時期は退職時であることを前提に社員それぞれにその金額での「退職時給付」を契約します。「退職時給付」は現在の退職金規定に基づく契約であり、それには現在の給付は約束してません。社員も現在の給付を求める権利は制度上はないと考えられます。

　この転換方式は現在の退職金制度を、過去分は尊重しますが、将来に向かっては新制度に転換するものです。

　退職金制度が持つ、勤続年数加算、退職時給与比例の期待を将来に向かっては廃止するものだから、退職金制度の有利性を本当に理解する社員からは異論が出そうです。

　しかしこうした理解力のある社員は新しい「選択制退職準備給付制度」の意味も理解してくれます。

　なによりも旧制度の有利性は、現役社員の負担の上での給付であることも理解して頂けます。後輩社員への負担をかけることはその

第9章　これまでの退職金制度をどのように転換するか？

仕組みを知れば、それが当然と考える人は少ないでしょう。

そして万一の会社が経営危機を迎えた時に、自分自身を含む「社員の権利保護」につながるリスクも理解して頂ける筈です。
　誰でも GM 社員の悲劇は繰り返したくない筈です。

ここで転換するのは「給与後払い方式」の退職金です。

しかし日本にはもうひとつの「伝統的退職金制度」もあります。

それは本当に企業の成長に貢献した社員に退職時に経営者と後輩社員が貢献した先輩社員に差し上げる、日本の伝統的退職金です。

その尊重は大切です。

第 10 章

「国の年金減額下の生活設計」で、「生活の安定」を

この制度に対し必ず出される疑問は「自分の年金」など作れるのかの問題です。

　お金持ちになる「財産」を作るのではない。国の年金減額に備え自分の生活を守るためだけの「自分の年金」作りです。
　努力しなければ「生活保護」水準以下になるかもしれない。

　それを避けるための努力です。その工夫をする。

　そのためにはそれぞれの「生活設計」をまず考えることが必要です。必要なのは「国の年金減額下の生活設計」です。

　これまで日本では多くのファイナンシャルプランナーが誕生し、金融機関の職員の多くもファイナンシャルプランナーであり、独立系のファイナンシャルプランナーもたくさんいます。

　しかし日本では本格的な「国の年金減額下の生活設計」サービスは少ないようです。

　それは「国の年金」が現役時代収入も6割を保証と言われれば、将来何の心配もない。生活設計など考える必要すらなかったのです。

　金融機関の生活設計サービスも金融商品販売ツールとしての位置づけであり、利用する人は少ない。必要性を感じていないのですから、自分のデータを金融機関のコンピュータに入力する人は、「個

第10章 「国の年金減額下の生活設計」で、「生活の安定」を

人情報漏洩」のリスクを考えると躊躇するでしょう。

しかしこれからは異なります。

すべての人が「年金不安」です。「国の年金」がもらえないのなら自分の将来はどんな生活が待ち、そのためにどんな対策が必要か?

「年金減額下の生活設計」が真剣に求められます。このサービス導入時に、社員別レポートにその概要だけ提供されています。それは驚くべき数字です。

年金不安を解決 　公的年金半減時代です。準備は今直ぐ始めましょう!!

公的年金が軽減になれば生活を支える努力が必要です。どれだけ努力すべきか?それぞれの目標です
(金額単位:万円)

		退職時(60歳)	万一の場合	障害の場合
毎月の生活費	地域平均	27	20	23
生活費の累計		11,209	7,442	11,535
公的年金の累計	改正前	8,696	3,925	8,702
	改正後	5,430	3,358	6,711
必要な準備額	改正前	2,513	3,518	2,833
	改正後	5,779	4,084	4,824

導入時に提供された社員別レポートでは収入の少ない中・小企業の社員であれば絶望的な目標です。このままであれば、「年金不安を解決」などとんでもない。

回答として日比谷公園を設計した本田静六博士が、未だ日本が今よりも比較にならない苦しい戦後の時期に残された「私の財産告

第 10 章 「国の年金減額下の生活設計」で、「生活の安定」を白」をご紹介します。

> ### 本田静六博士の「私の財産告白」より（日経紙解説報道）
>
> 　日比谷公園を設計した本田静六博士は貯金を以下の数式で表した。
> 　貯金＝通常収入÷4＋臨時収入　その前提として
>
> 1. 金儲けは理屈でなく実際である。計画でなく努力である。予算でなく結果である。
> 2. 絶対安全のみを期してはいかなる投資も手も足もでない。
> 3. 好景気楽観時代には思い切った勤倹貯蓄、不景気、悲観時代は思い切った投資。
>
> 　これが紹介されたのが1950年ですから敗戦後5年、未だ食べるにも事欠く時代でした。
> 　当時は勿論投資に「国の支援」がある確定拠出年金法などなく、公的年金も整備されていません。本田静六博士がこの努力を始めたのが25歳からと紹介されています。
> 　契機はドイツ留学時代「**財産がなければ精神の独立がない**」と諭されたからだそうです。
> 　かつ後年資産のほとんどを「公共に寄付」と日経紙は結んでいます。
>
> 　　　　　　　　　　　　　　　　　　　日経2007年12月13日

　確定拠出年金法は「国の支援」を用意するこの法律の目的として「生活の安定」を掲げています。目標は「生活の安定」であり、「豊かさ」ではありません。

　「豊かさ」とは常に他人と比較する相対的な目標です。半数の人は常に豊かではない。

第10章 「国の年金減額下の生活設計」で、「生活の安定」を

「生活の安定」は、今自分がやろうとしていることが正しいと言う「自信」です。

それがあることが、前掲の本田静六博士の「精神の独立」であり、「生活の安定」です。

「国の年金」が不安であれば「自分の年金」を作る。それに「国の支援」まである。

これに努力することは**「理屈でなく実際である。計画でなく努力である」**との励ましが、本当です。
「豊かさ」は約束出来ませんが、自分は正しい方向に努力しているという「自信」につながります。それが、この法律が目標とする「生活の安定」への第一歩です。

「自分の年金」を作る。それは長期の努力です。

「国の支援」だけで安心していては成功しません。それが本格的な「生活設計」を考える入り口になり、結果として「自分の年金」作りに、財産の運用を考えるスタートになります。

「年金減額対策としての生活設計」は今までほとんどの人が経験していない問題です。

「国の年金」減額が法定化されたのは2004年です。それまでは不

安には考えていてもそれに誰も正面から取り組まない。難しい問題です。

「生活設計」とはそれで「豊か」になるのであれば難しい。

「生活設計」は自分の生活を見つめ、整理するだけのものです。それが整理されていれば「正しい判断＝行動」につながります。
　正しい判断で、妥当な行動をしていれば「安心」であり、「心」の安定につながります。それが「生活の安定」です。

様々な工夫が多くの関係者から提案されるでしょう

これまでのサービスと異なるのは以下の３点です。

(1) 企業制度として社員別データがあらかじめ用意された、社員別サービス

生活設計を考えるにはコンピュータの支援なしには難しい。

問題はこのサービスがこれまで多くの場合に商品販売を目的としたサービスとして提供され、必ずしも客観性を欠いていたことです。

少なくとも利用者からはそのように判断される場合もあります。

なによりもそうしたサービス提供者のコンピュータに自分のデー

タを入れるのは誰でも躊躇します。データ漏洩と他の目的へ利用されることの懸念が多いからです。

企業制度としてのサービスですから企業が給与計算上で保有する社員データの一部（年齢、家族構成、社員番号）が既に用意されています（個人情報保護のため名前、住所はありません）。

社員は、既に自分のために用意された自分用の「生活設計」を気軽に活用出来ます。データ漏洩と他の目的へ利用されることの懸念は全く払拭されているサービスです。

(2) 平均データとの比較での計画作り

前項のデータに基づき、業種別、地域別の政府統計データを活用して、該当社員に相当する、生活費や年金などの平均データがあらかじめ用意されています。これは社員が関連知識が不足していても一定の判断を可能にします。

この平均データと比較して、自分用の「生活設計」を考えることが出来ます。

この平均データはこの問題を考える時に、大事な基準となるものです。

それと比較することで「自分の場合」を考えることが出来ます。

(3)「国の年金減額対策」としての生活設計

　「国の年金」は、多くの批判を受けながらも生活の基礎条件です。

　退職後の生活だけではない。万一の場合、障害で働けなくなった場合、すべての生活を支えてくれるものです。

　問題は「国の年金」の受給額予測そのものが難しいことです。

　これからの収入、家族構成など様々な条件で受給額が決まります。それを正しく予測しなければ「国の年金」の受給額は計算出来ない。しかしながら「生活設計」は、「国の年金」の受給額が前提です。これが正しく予測されない限り、「生活設計」は無意味な数字になります。

　「国の年金減額対策」としての生活設計であれば、逆に客観的予測が可能です。

　減額条件が法定化されており、年金受給額の予測条件だけ同一で減額前の予測と、減額後の予測は年金額そのものより、減額条件の影響だけを計算することが可能だからです。

　そしてその対策も計画出来ます。

　「選択制退職準備給付制度」で提供するサービスは「国の年金減

第 10 章 「国の年金減額下の生活設計」で、「生活の安定」を

額対策」です。そのための「自分の年金」作りです。

　それをスタートとして多くの関係者から、様々な対策が提案されることを期待しています。
　（詳細は姉妹書「国の年金減額下の生活設計」（2009 年 12 月刊行予定）ご参照）

第11章

「無理のない運用」を。
投資は必ずリスクがある

第11章 「無理のない運用」を。投資は必ずリスクがある

　公的年金補完のための「自分の年金」作りには税金も社会保険料も賦課されない。

　これは大変大きい効果です。

　別の見方をすればこの制度を利用すれば23年間は収益ゼロでも、2％程度の運用に比べ、制度利用しない人より「得」だといえます。これが「国の支援」効果です。

　誰でも「うまい運用」をしたい。これが人情ですが投資は必ず「リスク」があります。

　専門家もこれは避けることが出来ず、証券会社自身が巨額の損失を出し、倒産した会社すらあることも記憶に新しいことです。

(1)「無理のない運用」を。投資は必ずリスクがある

　これが社員への最初の助言です。預金でもいい。

　退職給付型退職金制度を前提とする転換方式は必ず社員に運用目標となる「想定運用収益率」を提示します。

　投資教育担当者自身が、うまくいかないことは充分承知していますが、従来の退職金を毎月の拠出額に換算計算する時に利用した「想定運用収益率」が教育目標となります

第11章 「無理のない運用」を。投資は必ずリスクがある

　目標となる「想定運用収益率」で社員が運用出来なければ従来の退職金が目減りするからです。

　確定拠出年金では運用可能な商品一覧表が提示され運用割合を記入する方式です。

　この段階で普通の社員は困ります。

「無理のない運用」を。

目標となる「想定運用収益率」を。

　それぞれの助言に従うとしても具体的に運用割合を記入するのは社員です。

どれを選択したら**「無理のない運用」**になるのか？

目標となる「想定運用収益率」が達成可能か？

　預金や固定金利の商品以外は全く分からないのが本当です。

　次ページにファン・ジャパン総合型を例示として具体的な記入フォームを表示します。

　これを「どのように書いたらいいの？」これが社員の率直な疑問

第11章 「無理のない運用」を。投資は必ずリスクがある

です。そこからがスタートです。

投資分野	目標基準指数	運用方針	商品名	信託報酬(%)	運用指定(%)	運用指定(%)	運用指定(%)
積権(日本)	Nomura-BPI国債	(P)パッシブ	野村国内債	0.42	0	0	0
	Nomura-BPI	(A)アクティブ	富国債券	0.5775	0	0	0
積権(国際)	シティ世界国債	(P)パッシブ	三菱外国債券	0.6825	0	0	0
	シティ世界国債	(A)アクティブ	日興外国債券	1.26	0	0	0
株式(日本)	日経225	(P)パッシブ	大和225	0.546	0	0	0
	TOPIX	(A)アクティブ	富国日本株式	1.47	0	0	0
	TOPIX	(A)アクティブ	大和バリュー	1.596	0	0	0
	TOPIX	(A)アクティブ	富国SRI	1.47	0	0	0
株式(国際)	MSCI(コクサイ指数)	(P)パッシブ	SS外国株式	0.9975	0	0	0
	MSCI(コクサイ指数)	(A)アクティブ	AB外国株式	1.9425	0	0	0
バランス型							
株式25	安田投信投資顧問	(A)アクティブ	富国大河25	1.05	0	0	0
株式25	安田投信投資顧問	(P)パッシブ	富国大河50	1.239	0	0	0
株式25	安田投信投資顧問	(A)アクティブ	富国大河75	1.428	0	0	0
					0	0	0
元本健保型				現行保証金利			

本物はこれと違います。商品名には番号があり、運用指定欄は1行しかありません。具体的商品も運営管理機関と異なります。

「目標基準指数」も「運用方針」も「信託報酬」の記載もありません。

この情報だけでどのように運用指定を書くべきか？

第11章 「無理のない運用」を。投資は必ずリスクがある

　初めての社員には本当に無理な要求です。

　制度の最大の障害です。これを突破する。これがこの制度を活用する最大のメリットです。

　言い換えればこの見慣れない商品のどれに運用しようと考えることが、定期預金など固定金利だけの商品へ運用する時代から脱却し、より幅広い選択肢を持つことが出来るようになるからです。

　我々の助言は「**無理のない運用**」です。

　「無理のない運用」には３種類の助言があります。

　第１は「**知らないものには手を出さない**」。

　そのためには知識を深めて、「知る商品」を増やすことです。

　「目標基準指数」も「運用方針」も「信託報酬」も何も知らない。

　それを教える、または勉強するのが、「投資教育」です。これは大事な機会です。

　我々は「自分のお金」は「自分で運用」しなければならない。

　誰も助けてくれない。

分からないからとゼロ金利の預金だけにしておくほどの余裕もないのですが、間違えて損をすることも出来ない。

「知る商品」を増やすことが、自分の視野を広め「無理のない運用」になるからです。

問題は「知る」ことと、「理解」することが違うことです。

新しいものを「知る」だけではその機会はたくさんあります。
保険会社や証券会社は、どんどん新しい商品を提供し、「知る」機会を提供しています。

それを正しく理解することが必要です。
簡単なことです。理解するためには自分の判断基準（物差し）を持つことです。
それと常に比較しながら「理解」することが「知る」ことです。

第2は「**リスクの少ない商品を**」です。

問題は「リスクの少ない商品を」とは何か？

それには「リスク」とは何か？　の理解が必要です。これは難しい問題です。

専門家でも本当のところは分からないのです。我々が確実に理解

第11章 「無理のない運用」を。投資は必ずリスクがある

出来るのは「よりリスクの少ない商品は？」です。

◎ 固定金利商品の方が株式や債券よりリスクが少ない

◎ 債券の方が株式よりリスクが少ない

◎ 国内運用商品（債券・株式）の方が海外運用商品よりリスクが少ない（通貨価値は変動する）

◎ 運用委託方針は「平均的運用方針（パッシブ運用またはインデックス運用）」の方が「積極方針（アクティブ運用）」よりリスクは少ない

確定拠出年金はこの該当商品が以下のように全部揃っています。「無理のない運用」とはその中から上記の基準で「よりリスクの少ない商品」を「自分で選択」することです。

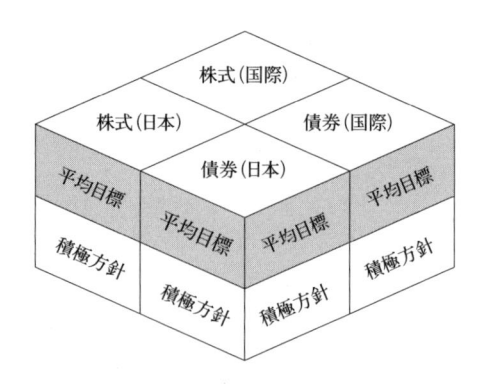

第3のそして最大の助言は「**目標**」を持つことです。

　それが生活設計です。生活設計を考え、実現するために何をするかの「目標」を持つ。

　「目標」に向かって努力することが「無理のない運用」につながります。

　お金の運用は「目標」を実現するためです。「目標」を持つのはどんな場合でも必要です。

　それがないままに「利益」だけ求める運用を「投機」といいます。

　「目標」を実現するために、一番効果的な運用をするために必要な問題を考え、実行し、その成果を常に確認することが本当の「無理のない運用」です。

(2) 少しずつの勉強と体験

　働き手の大きく減少する21世紀の日本の経済は確実に低成長です。

　家族が少なくなる、老人ばかりで、お金を儲ける若い子供たちがいなくなる家族です。

第11章 「無理のない運用」を。投資は必ずリスクがある

　これまでの努力でお金はありますが経済活動が沈滞すれば投資先も日本国内ではなくなります。銀行もお金を貸す成長企業がないので、金利は高く取れません。

　日本の預金金利はこれまでの事実上のゼロ金利が続くでしょう。

　確定拠出年金制度は前章で見たように、将来へのお金の運用方法を展望しています。

　これからはすべての人がこれに習熟する必要があります。若い人には大変いい勉強の機会です。これからは郵便局でも投資信託を売る時代です。

　我々も少しずつの勉強が必要です。

　銀行や証券会社は「自分の商品」を売ることに努力します。

　窓口に出向いても「これがお勧め」と「自分が一番儲かる商品」を提示します。

　商売ですから止むを得ないことです。法律で提供商品情報はすべて用意されています。しかし、内容を顧客が正しく理解し、選択出来るように「教える」義務は与えられていません。

　「自己責任」で選択してください。これが金融機関の立場です。

この意味で、この制度導入に伴う、幅広い運用商品の提示と、関連する勉強の機会も与えられることは、素晴らしいことです。

　勉強とは体験です。体験して初めて少しずつ理解出来ます。

　我々は未来を体験出来ません。若い人は過去の体験はありません。しかし過去を振り返り勉強することは出来ます。

　前章での運用商品の配分計画で、

「この商品を選んだら？」

の未来を、経験出来ません。しかし過去を調べてみることは可能です。

　過去は必ずしも未来に繰り返しませんが、参考にすることは出来ます。

　過去を評価する時に大事なことは「自分の基準（物差し）」を持つことです。

　「自分の基準」はそれぞれ自分で選ぶべきですが、このシステムは「東証株価指数」と比較します。言い換えれば日本全部の上場会社に投資した場合を「自分の基準（物差し）」として過去を考え、勉強して頂く仕組みです。

第11章 「無理のない運用」を。投資は必ずリスクがある

「自分の基準」より良い成績であればそれは良い商品であり、「自分の基準」以下であればそれは問題です。評価にはすべて「物差し」が必要であり、「物差し」が「自分の基準」としてのこの場合は「東証株価指数」です。

前項の配分表に任意に商品を選び配分割合を入力して見ます。

配分割合を任意に選択して、そのように配分した場合に過去の成績はどうだったかを「自分の基準」と比較(この場合「東証株価指数」)して考えることが出来ます。

将来は過去を決して繰り返しませんが、過去を追体験することで未来を勉強出来ます。

投資分野	目標基準指数	運用方針	商品名	信託報酬 (%)	運用指定 (%)	運用指定 (%)	運用指定 (%)
積権(日本)	Nomura-BPI国債	(P)パッシブ	野村国内債	0.42	0	0	100
	Nomura-BPI	(A)アクティブ	富国債券	0.5775	0	0	0
積権(国際)	シティ世界国債	(P)パッシブ	三菱外国債券	0.6825	0	0	0
	シティ世界国債	(A)アクティブ	日興外国債券	1.26	0	0	0
株式(日本)	日経225	(P)パッシブ	大和225	0.546	100	0	0
	TOPIX	(A)アクティブ	富国日本株式	1.47	0	100	0
	TOPIX	(A)アクティブ	大和バリュー	1.596	0	0	0
	TOPIX	(A)アクティブ	富国SRI	1.47	0	0	0
株式(国際)	MSCI(コクサイ指数)	(P)パッシブ	SS外国株式	0.9975	0	0	0
	MSCI(コクサイ指数)	(A)アクティブ	AB外国株式	1.9425	0	0	0

第11章 「無理のない運用」を。投資は必ずリスクがある

　3種類の商品は債券投資（国内債）と日本の株式を投資方針で2種類選択しています。

　投資方針には「パッシブ型（市場平均と同じ投資成績で運用する。従って手数料は安い）」と「アクティブ型（市場より優れた運用成績を上げることを目標。従って手数料は3倍も高い）の2種類、合計3種類です。評価開始年からの累積騰落率を計算しています。

　言い換えればこの評価商品を出来るだけ長期に保有していれば（この場合は2001年12月から2009年4月）どれだけ儲かったか（損したか？）の表示です。

■が選択した商品です。■が東商株価指数であり、株式投資の平均動向です。

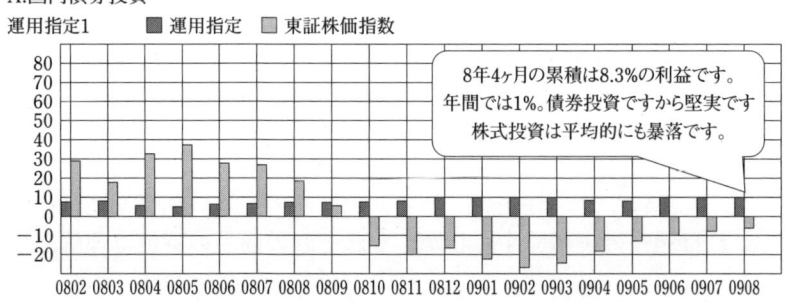

A.国内債券投資

運用指定1　　■運用指定　■東証株価指数

> 8年4ヶ月の累積は8.3%の利益です。
> 年間では1%。債券投資ですから堅実です
> 株式投資は平均的にも暴落です。

第11章 「無理のない運用」を。投資は必ずリスクがある

B.国内株式パッシブ型（市場平均と同じ投資成績で運用。従って手数料は安い）
運用指定2　■ 運用指定　■ 東証株価指数

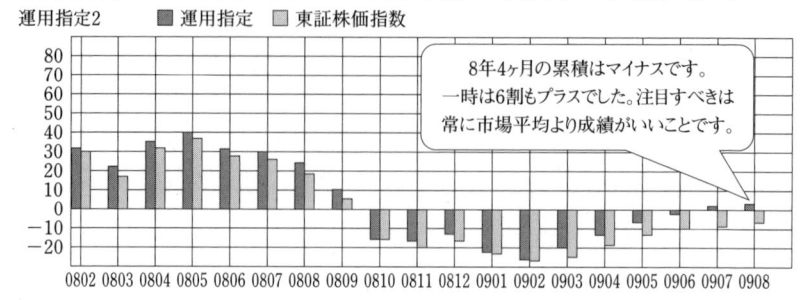

> 8年4ヶ月の累積はマイナスです。一時は6割もプラスでした。注目すべきは常に市場平均より成績がいいことです。

C.国内株式アクティブ型（市場より優れた運用成績が目標。手数料は3倍も高い）
運用指定3　■ 運用指定　■ 東証株価指数

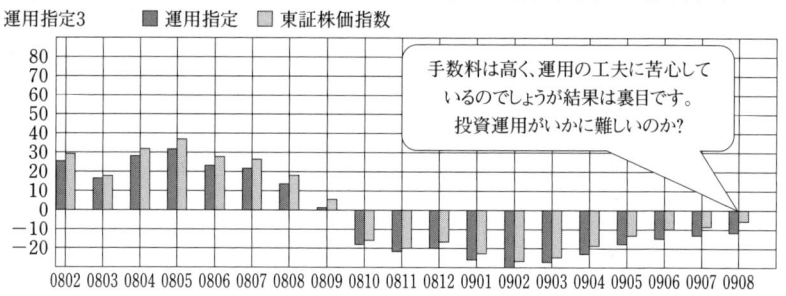

> 手数料は高く、運用の工夫に苦心しているのでしょうが結果は裏目です。投資運用がいかに難しいのか？

　これは過去の実績です。しかしそれぞれの商品の特色は理解出来ます。将来への選択を考える上には大事な手がかりです。

第 12 章

アドバイザーの役割。
信頼出来る「業務代行サービス」選択を

第12章　アドバイザーの役割。信頼出来る「業務代行サービス」選択を

　このサービスは大変大事なことですが、実施は必ずしも簡単ではありません。

　第1に「選択制」のサービス活用には社員が完全に理解して頂くことが必要です。

　第2は「企業制度」としての実施が必要であることです。

　制度の必要性は経営者であればすぐ理解して頂けます。

　理解するのと、実行出来るかは別問題です。中・小企業は日常業務にも人員不足です。新しい「企業制度」業務を企業内部に用意することは二の足を踏まれることも確実です。

　第3はどんな零細企業でもすべて「**厚生労働省の個別承認**」が必要であることです。

　多数の申請書類を大企業と同じだけ作成が必要です。零細企業だからそんな制度は未だ整備されていないといっても通用しません。提出を必ず求められます。

　「お手伝い役」がアドバイザーです。「**業務代行サービス**」としてご提供します。

　「**社長。手続きは全部お任せ下さい**」と言えるアドバイザーが信

第12章　アドバイザーの役割。信頼出来る「業務代行サービス」選択を

頼出来ます。

　社内に手がない中・小企業の経営者はこれで安心です。

　そして現実に「すぐに実行」するアドバイザーが信頼に直結します。

　問題は制度導入後の「社内業務」です。

　このサービスは導入後のサービスです。将来確実に「信頼出来るサービス」をアドバイザーが継続的に提供出来るか経営者は不安です。

　金融機関も手伝ってくれる制度導入時サービスは一時的サービスです。仮に少々問題があっても一時的であり、なんとか解決出来そうです。

　日常の業務代行サービスは永続的サービスです。本当にあの先生で大丈夫か？

　鍵は**「信頼出来るシステムサポートが提供され、その支援があるサービス」**です。

　「信頼出来るシステム」さえあればそれを活用するアドバイザーを一応信頼してみようとの判断は可能でしょう。

第12章　アドバイザーの役割。信頼出来る「業務代行サービス」選択を

　最後に経営者としての一番心配なことは、

「社員が本当に理解してくれるのだろうか？」

「安月給の我が社の社員が制度利用の余裕はあるのか？」

「確定拠出年金は"投資教育"が必要と聞くが、社員が理解出来るだろうか？」

　アドバイザーにも一番難しい問題です。信頼出来るアドバイザーの立場は、

「選択制です。社員一人からでも始めましょう」

「社員には一番必要なサービスです。大きな制度利用効果もあります」

「社員の皆様には、大変な努力が必要です。現在の月給はそのままでの努力です。ここは"月給を上げる権限"のない私にお任せください」

「アドバイザーも投資は素人です。「自分の年金」作りのための運用を工夫することです。一緒に勉強させて頂きます」

「社員が利用すれば社長も"得"です。全面的にご協力ください」

第12章　アドバイザーの役割。信頼出来る「業務代行サービス」選択を

　事実このサービスはこれまで述べたように社員ひとりひとりへの対応です。

　当初のこの面倒な努力は頂ける手数料に比べ、ペイしないとアドバイザーは感じているかもしれません。しかし努力すれば経営者だけでなく社員の信頼も得られる大事なサービスです。

　その信頼関係は社員が退社後も永続出来る信頼関係です。

　「信頼関係」構築こそ、アドバイザーには一番大事であり、このビジネスのスタートであり、アドバイザーの目的です。

　信頼関係構築が可能であるのはこのサービスが、どんな企業でも「今社員が一番不安に思い、必要としている問題」に答えるべく、社会に役に立つサービスを提供させて頂こうとしているからです。

　社長の心配はもうひとつ残っています。

　「制度運営の費用は？」は大丈夫？

　「事業主負担社会保険料の減額効果ですべての経費は賄えます。ご心配なく」

　アドバイザーの回答ですがこの点も社長には疑念の点です。

第12章　アドバイザーの役割。信頼出来る「業務代行サービス」選択を

「本当にそれだけ下がるの？」

　社会保険料計算の実際は複雑です。本書の計算においては約15％（事業主負担社会保険料）としていますが、法律で決まっている厚生年金保険料の値上後の料率です。

　将来の予測計算ですから、料率は問題ないとしても、毎年の減額が計算のとおりになるのか疑問です。

　社会保険料は毎月変動する給与月額を「標準報酬月額表」に当てはめて計算するのですから選択金額に応じて「標準報酬月額表」が変動しない場合も当然予想されます。

　この点をアドバイザーはどのように対応してくれるのか？

　この確認はアドバイザーの年金問題への知識と能力を確認する重要なポイントです。

第 13 章

オバマ大統領も中小企業格差是正の
401ĸ 改革を即日実施。日本は?

第13章　オバマ大統領も中小企業格差是正の401ĸ改革を即日実施。日本は？

　オバマ米大統領は、2009年9月5日退職後に備えた貯蓄増大に向け対策を発表しました。

　大企業に比べ格差のある、中小企業の従業員も自動的に確定拠出型年金（401ĸ）などに加入することが容易になる制度を導入する。

　使わなかった有給休暇や傷病休暇に対する支払いを退職後の貯蓄に回したり、還付される税金を直接退職後の貯蓄口座に振り込んだり貯蓄債の購入に充てたりすることなどが可能になります。

　こうした対策は議会の承認を得る必要がないため、即日発効したようです。

　オバマ大統領は演説で「米国経済を以前よりも強いものに再建しなければならない」とし「そのためには、住宅取得のため、大学進学のため、退職後のため、景気が悪化した時のために、国民が貯蓄する機会と意欲を持っていることを確認することが重要だ」と述べています。

　同大統領は「今回のリセッション（景気後退）以前から、貯蓄率は実質的にゼロ％だった。一方で借り入れは増大、クレジットカードローンも増加した」と指摘。「こうした状態は続けられない。実際よりも膨らまされた利益に基づいてクレジットカードを利用限度まで使い切るような経済に再び立ち返ることは、決して出来ない」と述べています。

　オバマ大統領は、住宅価格下落と金融市場急落により、米国民の退職後の貯蓄が過去2年間で約2兆ドル帳消しになったとも指摘しています。

　　　　　　　　　　　　　　（ロイター 2009年9月5日報道）

第13章　オバマ大統領も中小企業格差是正の401K改革を即日実施。日本は？

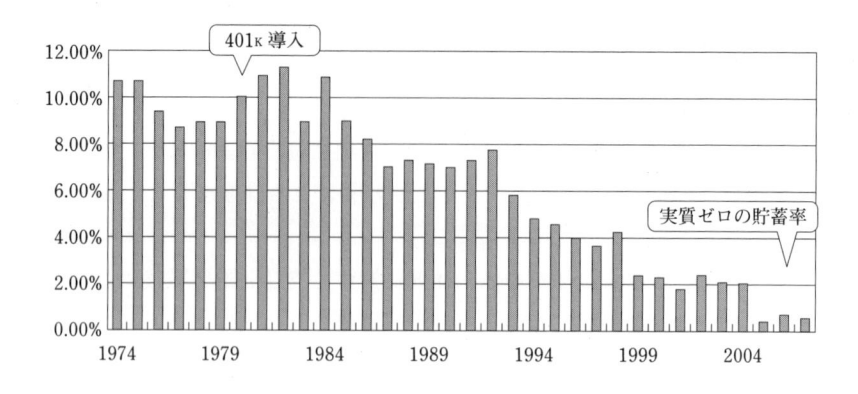

[グラフ：1974年～2004年頃の貯蓄率推移。「401K 導入」と「実質ゼロの貯蓄率」の注記あり。縦軸0.00%～12.00%]

　2兆ドルがなくなり、貯蓄をしなくなったアメリカ人。オバマ大統領の即日措置は当然です。

　翻って日本はどうか？　個人の年金貯蓄はアメリカの3分の1（2007年当時）で、日本より少ないのはイタリヤとブラジルとインドだけです。（第3章ご参照）

　折角の日本版401Kは中・小企業は無縁です。金融機関が勧めないのです。
　オバマ大統領が取組んだ401Kの「中小企業格差」の是正は日本でこそ必要です。世界一の「少子高齢社会」だからです。その準備は日本が一番必要です。

　準備に折角の「国の支援」がある。その利用のすべすらも知らない。しかも中・小企業への取引は面倒であると、お願いしても日本版401Kの取引を金融機関は拒否するのです。

第13章　オバマ大統領も中小企業格差是正の401ₖ改革を即日実施。日本は？

　基本契約を国が承認済みの総合型確定拠出年金加入でも、どんな零細企業も追加加入に再度膨大な申請書類を抱え、金融機関に高い手数料を負担し、申請に足を運ばなければなりません。

　それも申請出来た企業は幸運です。
　零細企業は金融機関そのものがその窓口でお断りだからです。断る権限は金融機関にあるからです。

　アメリカでは401ₖは税務申告問題ですから、個人が納税申告時に税務署職員から、有利な401ₖの利用を勧められるそうです。
　（これはアメリカの友人の話。日本の401ₖの解説書には書いていないので本当かどうか分かりませんが、筆者はその友人とは20年来の付き合い）

　この制度を最初に用意した時、厚生労働省は「中・小企業の年金」としてポスターを作り、関係機関に配布しました。そのこともすっかり忘れられています。

　これまでの政治家とお役所はそれどころではないようでした。

　しかしオバマ大統領が、これを変えようとしています。それも即日実施です。

　日本の政治も変わるでしょう。

第13章　オバマ大統領も中小企業格差是正の401ᴋ改革を即日実施。日本は？

そしてこの問題に同じ改善の手を伸ばしていただけることを強く期待します。

日本版401ᴋは、日本では「国の年金不安」に怯える社員の救世主だけでなく、負担を先送りする「確定給付型退職金（企業年金）」制度を改め企業経営の将来負担をなくし、企業競争力をつけるための企業経営への救世主でもあるからです。

日本こそオバマ大統領とその素早い行動が必要であり、本書はそのためのご提案です。

日本にも新しい政治が到来しました。この救世主を2000年に誕生させた当時の関係者の理想への回帰が必要であり、それを発展させるのは我々の努力です。

当時の関係者は中・小企業へ広く普及させるために「資格」を設けないとまで配慮しました。

それは反面では関係する職業、例えば税理士、社会保険労務士、FP技能士などが幅広くこのサービス普及に努力されることを期待してのことです。

現実には多くの関係者は戸惑っています。あまりにも大きい問題です。筆者自身もその一人です。

戸惑っていただけでは前進はありません。出来ることから「即日実行」。

第13章　オバマ大統領も中小企業格差是正の401ᴋ改革を即日実施。日本は？

　改善への具体的提案が多くの人から寄せられるべきです。本書もそのひとつですが以下のような問題を「日本のオバマ大統領」こそが推進して頂けることを期待します。

1. 総合型追加加入の申請は「電子申請」で受付可能に。結果として追加手数料の撤廃。
2. 選択金額の段階的規制の撤廃。現在は5千円刻みしか認めない。
3. 運営管理機関に企業格差での差別を認めない。それがオバマ大統領の指摘する401ᴋの中・小企業格差の根源。
4. モデル運用対象商品の設定。
アメリカの連邦政府職員の401ᴋのインテック2型運用商品における運用コストは0.05％といわれる。

　本来401ᴋ商品は投資信託の自動販売であり、販売コストは著しく安い。だから可能である。しかし現実には1％を超えこれに近い信託報酬が提示される。
　それを中・小企業は受けざるを得ない。個人型を含む大量の参加を前提に信託報酬の安い信頼出来るモデル商品を用意してどんな運営管理機関からも利用出来ること。

5. 幅広い関係者（税理士、社会保険労務士、FP技能士）への推進活動への参加呼びかけ。
6. 少なくとも今回のオバマ政策の日本での実施。

　これらはすべて法律改正しなくても出来ることです。

第13章　オバマ大統領も中小企業格差是正の401ĸ改革を即日実施。日本は？

　だから「即日実施」も日本にオバマ大統領がありきで、為政者の意欲があれば可能です。

　それが日本の社会を変え、新しい希望を与える本当の救世主になるでしょう。

ご 参 考

ご参考1 「投資教育」と「業務代行サービス」

　「投資教育」は厚生労働省通達で、事業主の義務とされています。
　これは、制度の円滑な運営のための「教育」とより広く理解すべきです。
　それを実行するのが「業務代行サービス」です。

　事業主は「自分の年金」を作る新しい「企業制度」を社員全員に理解してもらい、制度がスムーズに運営されることを期待します。

　それは制度を用意しただけでは充分でない。それが円滑に運営され、制度の目的である社員が「自分の年金」を作ることを期待します。そのための企業制度であり、制度を円滑に運用する業務活動が企業として必要であり、それを外部専門家として受託するサービスです。

　「教育サービス」としないのは、「教育」だけで終わりとしない意味です。
　目的は制度の円滑な活用です。
　社員がどんどん活用する。その支援サービスです。
　関連する事務の代行サービスも大切です。
　そのために「業務代行サービス」として提供します。

　「業務代行サービス」としての提供はサービス提供を明確に「事業主」の立場ですることです。

ご参考1 「投資教育」と「業務代行サービス」

　これまでの投資教育と非常に大きい違いです。これまでの投資教育は運営管理機関の立場で行われます。結果として100条の行為準則の制約を受けます。

　特定商品の評価をしてはならない立場です。
　社員が求めているのは、「評価」助言です。事業主の立場は異なります。特別な利害関係が当該商品となければ可能です（46条の行為準則）。

　そして社員はそれを求めています。しかし「評価」は慎重であるべきです。
　無責任な評価ではアドバイザーは信用を失います。
　納得出来る「評価基準」に基づく分かりやすい説明が必要です。

　この制度は社員の立場からは「自分の年金」作りです。

　それが何故必要か？　この理解も必要です。
　「目的」を理解するのも最初の「投資」教育です。「目的」のないマネーゲームを「投機」といいます。

　「自分の年金」は自分の財産であり、「自分の貯金」と同じ問題です。
　今まで社員がやってきたこととあまり変わりません。

　社員は「自分の貯金」をあらためて「投資」といわれても身構え

るだけです。

　問題を理解してもらう時に妥当な方法ではありません。だから敢えて「業務代行サービス」としてのやさしいご提案です。

　「自分の年金」とこれまでの「自分の貯金」には、それぞれ目的の違いとやり方の違いはあります。

　これまで誰も「自分の年金」を本気で作ったことはない。「年金」という商品を買ったことはありますが、その専門家もいない。それは退職後の生活は「国の年金」だけで充分だったからです。

　これからは「自分の年金」作りが必要です。このために「国の支援」がある。
　社員がこれから求められる努力です。

　その「自分の年金」作りを企業制度としてやるのですから、そのサポートが企業に求められ、それを経営者に代わり「業務代行」するサービスです。

　「業務代行」といってもアドバイザーにも未知の分野です。
　どのようなサポートをすべきか、すべて初めてです。
　しかし目的は明確です。

　「自分の年金」作りに、国の支援を受けて、「国の年金」を補完し、

ご参考1 「投資教育」と「業務代行サービス」

社員が退職後に「安定した生活」を実現出来る努力をすることです。

　アドバイザー自身にも必要です。自分の問題としての工夫がより大事です。

　生涯雇用制度時代の退職金も本来は、退職後の「生活の安定」が目的でした。
　しかし今の退職金制度はその役割も充分果たしていないようです。

「選択制退職準備給付制度」はその復活です。

ご参考2　社員のための「国の年金減額下の生活設計」

A.　「生活設計」はなぜ必要か？

　確定拠出年金法の目的は「生活の安定」です。同法第1条（目的）

　日本の伝統的人事制度といわれる「生涯雇用制度」も、社員の「生涯の生活保障」を前提に会社への貢献を求めるものです。

　日本版401Kと俗称されるように、アメリカの制度をモデルにした確定拠出年金法の目的と、日本の伝統的人事制度が同じ目的であるのも不思議な気がしますが、社員の立場で一番大事なことは本来、どこの国でも「生活の安定」だからです。

　問題は「生活の安定」をどのように求めるかです。

　「子供」に、「企業」に、「国」に。これが今までの日本であったようです。経済の高度成長期、そして「多子・短命」の昔は可能であったかも知れない。

　しかし、自分の生涯の「生活保障」を本気で企業に求める人はもはや少ない。

　「子供」に頼ることはとっくにあきらめています。

　経済大国世界第2位の日本の「国」であればなんとかしてくれる

ご参考2　社員のための「国の年金減額下の生活設計」

と、最近まで「国の年金」を頼りにしていましたが、「年金減額改正」が法令化されたのは2004年であり、もはやそれも幻想です。
　その前に記録洩れやその他で年金制度そのものへの信頼すら揺らいでいます。

　「減額改正」法令化の3年前には、確定拠出年金法という「国の年金減額」への補完策まで用意しての「減額改正」です。

　これからは「自主努力」です。
　それを支援する法律が確定拠出年金法であり、その「国の支援」を活用する企業制度である「選択制退職準備給付制度」のご提案が本書の目的です。

　肝心なのは、社員の「自主努力」です。
　「国」も、「企業」もそれを支援する立場です。
　問題はどのように「自主努力」するのか？
　「自主努力」するために必要な計画が「生活設計」です。

　ちょうど「自宅」を作るようなものです。

　まず作りたい「自宅」の「概要」を自分でラフに考えてみる。
　次にその予算を考える。詳細な「設計図」を専門家に依頼して作る。そして「実行」。

　実行には様々なやるべきことが具体的に出てくる。それをひとつ

ずつ実行します。

　どんなことでも「自分」でやるにはこれだけの手順が必要です。「生活設計」も同じです。

　高度成長時代は、企業や国に依存し、「自分」で「自主努力」する必要がなかった。

　だから「自主努力」するための実行計画に相当する「生活設計」も必要がない。

　これからは国自身が「税法上」等の支援策まで用意し「自主努力」を求めているのです。
　少子高齢社会は人に頼れない社会だからです。
　企業も「国の支援策」を社員が選択活用出来る企業制度を用意して、それに協力する。

　「自主努力」するための自分自身の実行計画が、これからは「国の年金減額下の生活設計」であることが必要です。

　「年金減額」を解決しない生活設計ではこれから意味がない。

　実行計画ですから、これまでの「ライフプラン」のようにただの「数字の羅列」だけで役に立つのか疑問です。

ご参考2　社員のための「国の年金減額下の生活設計」

具体的に何をすべきなのか？
実行すればどうなるのか？

「年金減額」を「自分の場合」として確認し、そしてその対策を「今日から実行」です。
　これが「国の年金減額下の生活設計」の目的です。

　20世紀の高度成長時代の目標は「豊かさ」でした。「お金」や「物」の大小の比較です。
　それが日本に「格差」という「歪」をもたらしました。高度成長時代の手法の副産物です。

　確定拠出年金法が目的とする「生活の安定」とは「心」の問題です。

　どのように求めるかは様々ですが、共通なことは自分の「目標」を持ち、その実現に毎日努力する。その努力が正しい方向であると「自分で確信」していることです。

　どんなに貧しい環境でも「目標」を持ち、それに努力することはすべての人に可能です。
　大事なことは「目標」へ、今実行している努力が正しいと「自分で確信」出来ることです。

　「目標」は将来の問題です。今の努力を続ければ本当に実現出来

るのか？　誰にも分からない。その理解をサポートする手法が「生活設計」です。

「目標」を持ち、それを実現する「実行計画」を、「生活設計」として計算して見る。
「生活設計」での計算結果として「目標」が実現出来るかが分かります。

「目標」が実現出来る計画であれば、その「行動計画」を正しいと自分で確信出来ます。

今やっていることが正しいと「自分で確信」していれば、その活動に「自信」が持てます。

将来の問題である「目標」が今実現していなくても、「今の努力」の方向が正しいと確信があれば、誰でも「安心」出来ます。それが「生活の安定」です。

大工さんは「家」の設計図に従って、材木を切り、基礎を作る。
その努力は「家」が出来るまでは、バラバラの努力で誰にも結果は見えない。
しかし設計図どおりに、仕事をしている大工さんは何も心配はしていない。
「家」が出来ることを「安心」しての毎日の努力です。これが「仕事の安定」感です。

ご参考2　社員のための「国の年金減額下の生活設計」

「生活設計図」も同じ役割です。

毎日やることは小さい「自主努力」です。それを続ければ「目標」を達成出来る。

それを「生活設計図」で確認しておく。

結果として毎日の小さい「自主努力」が「目標」実現への一歩であると「安心」出来ます。

これが「安心」しての毎日の生活であり、毎日の安心がもたらす「生活の安定」感です。

確定拠出年金法の目的は実に含蓄のある表現です。

「生活の安定」が目標です。高度成長期の競争社会からの転換でもあります。

それは「生活設計」（この場合は「国の年金減額下の生活設計」）を持つ人、すべてに達成可能です。新しい21世紀社会の「目標」です。

高度成長期の「豊かさ」が目標であれば、「生活設計」は不要です。「生活設計」の仕組みでは「豊かさ」は実現出来ない問題です。

「自分の家」の設計図だけでは、隣人の家と比較しての、より素晴らしい「豊かさ」を誇れる「自分の家」は出来ないからです。

これからの時代は慎重な「生活設計」作りは非常に大事な問題となります。

そのお手伝いをする専門家がアドバイザーです。

B.　目標は「国の年金減額」分の確保

「生活設計図」は目標達成のための手法であり、道具です。

計算するために電卓が必要なように、将来の生活の「目標」を実現可能か、実現のためには「何を」すべきか？

これを計算する道具の役割です。

大事なのは「目標」です。

将来の「生活設計」で検討すべき「目標」はたくさんあります。

多くのFP(*)の教科書には「住宅プラン」「教育プラン」「リスクプラン」と様々ですが、今回は「国の年金減額下の生活設計」ですから、目標は「国の年金減額」分の確保です。

＊FPとはファイナンシャル・プランナーの略で多様な「生活設計」を支援する専門家です。

「生活設計」として検討する「目標」であるためには、次の3条件が必要です。

ご参考2　社員のための「国の年金減額下の生活設計」

第1は「目標」が具体的に計数化されていること

抽象的目標では単なる努力目標にとどまります。

実行する計画であるためには「目標」の「具体的計数化」が必要です。

「目標」の「具体的計数化」がされていないと実現の可能性が判断出来ないからです。

「国の年金減額分確保」といっても、その減額分がいくらか計算出来なければその対策を考えても、その実現性は判断出来ない。

目標金額を具体的に明示して、初めてそれは手の届く計画かどうかを判断出来ます。

第2は「自分の目標」として明確にすること

「国の年金」は減額になりそうだ。あるいは確実に減額になる。これはすべての人に共通の「国民認識」とさえいえます。

その対策は誰もやろうとしない。大変な「国の支援」があってもそうです。

「国の年金」減額を「自分の場合？」として誰も教えてくれないからです。

原因は「国の年金」減額方式が単純な減額計算でなく、本来給付

すべき「物価スライド」分を調整減額する分かりにくい方式です。
（第2章「国の年金」は実質半減する　ご参照）

　名目年金額は減らさないで、賦課方式年金の最大の特色である「完全物価スライド」をそのまま実行しないやりかたです。

　将来の加入者の減少、受給者の長寿化の影響分だけを、本来増額すべき「物価スライド」分からだけ、調整減額する実に巧妙な仕組みです。

　分かり難くしておいて、対策を取らせない。これを当時の経済産業担当大臣与謝野氏が「悪魔の政策」と評したことは第2章でご紹介しましたが、本当にそうです。

　将来年金がいくらもらえるのか？

　これは様々な前提条件があり「予測」計算は難しい問題ですが、「減額」計算そのものは比較的簡単に計算出来ます。

　年金受給計算のための前提条件を同一にして、調整減額条件を計算する場合と、これまでの計算方式との差額として比較的簡単にかつ客観的に計算可能です。

　より大事なのは「実行」です。「自分の目標」であれば実行します。

ご参考2　社員のための「国の年金減額下の生活設計」

「減額予測」を社員別に計算して、それを「目標」に社員別の「国の年金減額下の生活設計」を計算し、対策を今から実行。これが大事です。

第3は「実現可能」であること
　どんな必要な目標への計画でも大事なことは「努力すれば実現可能」であることです。

　努力をしても「実現出来ない目標」への計画には誰も挑戦しない。あきらめるだけです。

　「国の年金減額」分確保は、次項の条件であれば達成可能な目標です。

C.　目標実現が可能である条件。「国の支援」の完全活用と企業協力
　実現可能条件は3点です。
　第1は「国の支援」の全額活用
　制度は毎月の利用限度額があります。企業制度としての活用であれば毎月5.1万円が限度です。この限度額を完全活用すること。

　第2は「運用」は「2％程度」の収益率を目標に
　今までは定期預金しかしたことのない社員がほとんどです。
　少ない金額では銀行や証券会社は相手にしてくれない。あきらめているのが現実です。

この方式であれば、一般的なものであればすべての種類の運用商品が活用出来ます。お金持ちや大企業の幹部社員には当然でも、銀行はATMの窓口だけで帰って来る中小企業の社員には画期的ともいえる新しい運用方式への入り口です。それからの勉強です。

これからは定期預金や、極めて低い確定運用収益を約束する金融商品への運用だけでは目標の実現は困難であることも事実です。

逆に高い確定収益を約束する商品は「詐欺商品」が多いので、それだけ注意が必要です。

しかし「2％程度」の目標収益率であれば、確実な運用方針を持ち、長期的に努力すれば、それほど難しい目標ではありません。

第3は「継続的努力」

前2項目を65歳まで継続する。これが条件です（出版時点では60歳が限度ですが延長は決定済）。

現在30歳の人が80歳になる50年後の平均寿命は100歳に近づくでしょう。65歳で退職生活に入ると35年を超える長い「新しい収入のない生活」が待っています。

その準備のための継続的努力です。「国の支援」も継続して与えられます。

ご参考2　社員のための「国の年金減額下の生活設計」

　この3条件はどれも簡単ではありません。
　しかし不可能ではない。努力すれば誰でも可能なことばかりともいえます。

　その「自主努力」を促すための「企業制度」です。
　「企業制度」ですから、制度利用する社員に業界平均程度の給与は用意が出来る企業としての経営が大事な基礎条件です。

　それを理解して社員も会社繁栄に協力します。

　高度成長時代ではないこれからは経営環境もますます難しくなります。

　どんなに社員が「自主努力」しようとしても会社が倒産すればそれは継続出来ません。

　会社が経営を維持し、繁盛するよう社員としても「努力」する。どんな社員でもやれます。

　これも新しい「企業制度」の意義を理解した社員の「自主努力」です。

D.　最初のステップ。簡単な「社員別レポート」方式
　「国の年金減額下の生活設計」の最初のステップは「国の年金減額」はいくらかを、「自分の場合」として確認し、その補完を目標

として「国の支援」を受ける企業制度「選択制退職準備給付制度」を活用するプランです。

それを簡単な「社員別レポート」方式で作成提供します。（本文第8章ご参照）

計画条件は「全額完全活用」と「65歳までの継続活用」であり、「運用計画は年率2％」です。「物価上昇率も2％」が前提です。

この条件で
1. 社員別の「国の年金減額」を計算。これが生活設計の「目標」となります。
2. 計画条件の下に「目標」が達成可能かを計算。

計算と結果としてのレポート作成は全部コンピュータで行われます。
「家作りプラン」で、詳細な設計図を建築設計事務所に依頼するのと同じであり、長期間の複雑な計算を自分でやる必要はない。

「国の年金減額下の生活設計」で必要なことは、
1. それぞれの社員が「自分の場合」の減額がいくらかを「目標」として理解。
2. 企業が用意した「選択制退職準備給付制度」を全額活用した場合の結果を確認し、その実行を決断。

ご参考2　社員のための「国の年金減額下の生活設計」

　「年金」というとほとんどの人は「退職後の老齢年金」だけを想像します。

　しかし「国の年金」は、万一の場合の「遺族年金」、障害で働けなくなる「障害年金」とすべての生活に関係します。

　それぞれが「高齢化」で、年金に依存する期間が長くなる。
　それぞれが減額になる。

　減額になるのだから、減額前と比較しても意味がないとあきらめるのであれば、結果としてそれぞれの場合の生活を大幅に切り下げなければならない。

　せめて減額分を新しい企業制度を活用し、確保することを「目標」として努力することで生活を守る。これが「国の年金減額下の生活設計」です。

E.　企業制度として利用出来る簡単な仕組み。様々な問題を考える「生活設計」

　「国の年金減額下の生活設計」も、「生活設計」サービスの一部です。

　これまでの「生活設計」と異なるのは「国の年金減額」を前提にして、その対策を最初に提案し、実行することです。その対策に「国の支援」がある。

ご参考2　社員のための「国の年金減額下の生活設計」

言い換えれば「国の支援」付サービスであるとも言えます。

「生活設計」など普通の人には面倒です。必要なければやりたくない。

「生活設計」に対応する手法に古くから利用されている「家計簿」があります。

「家計簿」をつけることで「家計支出」をより合理的にすることの目的があり、それに役立つから多くの家庭が利用しています。最大の理由は誰にでも簡単に利用出来るからです。

「生活設計」はＡ項で説明したように「計画」を具体化する「設計図」です。
　「計画」があればそれが本当に効果があるかを具体的に、かつ総合的に考えるためには、どうしても必要な手法です。しかし本当の活用は今ひとつのようです。

「国の年金減額」問題への対応には、効果があるとご理解を頂けたと思います。
　それを採用すれば「国の支援」も実現出来る。

家計簿がそうであるように「効果」があっても「簡単」でなければ実用にはなりません。

ご参考2　社員のための「国の年金減額下の生活設計」

　コンピュータが必要です。自分の計画を、様々な計算条件で長期間にわたり計算を繰り返し作成する「設計図」だからです。「簡単」に利用出来ないのが難点です。

　それを「企業制度」として提供することで問題が解決します。
　社員に「生活設計サービス」提供など企業の問題ではないとこれまでは考えられていました。事実そうであったのは通常の「生活設計サービス」の場合です。

　「国の年金減額下の生活設計」であれば別です。
　「国の年金保険料」の徴収代行者は企業です。この意味では「国の年金減額」対策としてのサービスであれば「選択制退職準備給付制度」の一部でとして必要です。

　「企業制度」として提供するのであれば社員は気楽に活用出来ます。

　金融機関も自社の金融商品販売のため「生活設計サービス」を提供します。それを利用することを社員は警戒します。自分の情報が金融機関に知られたくないからです。

　「企業制度」として提供であれば、そこで用意された「生活設計サービス」は社員しか利用出来ません。改めて社員が入力しなくても、企業が保有するデータや「国のデータ」で「生活設計サービス」を極めて簡易な仕組みで提供出来る画期的仕組みです。

ご参考2　社員のための「国の年金減額下の生活設計」

　企業が保有するデータも「本人の名前」「住所」「給与額」等の「個人情報」に属するデータは全く利用していません。

　社員それぞれの識別は「社員番号」と「生年月日」と「家族構成」だけを利用します。

　社員は「社員番号」と「生年月日」を入力すれば会社の提供するコンピュータシステムとして、特定の社員用に用意された「生活設計サービス」を自由に利用出来ます。

　そのサポートは会社が契約したアドバイザーです。
　分からないことは専門家であるアドバイザーに無料で相談出来る。

　「生年月日」と「家族構成」だけでその他のデータは総務省等の「国の平均データ」を活用していますから、社員は「自分の問題」として計画する時は、既に用意されている「国の平均データ」と比較して必要であれば「自分のデータ」に修正活用します。

　「生活設計サービス」はコンピュータによる「未来予測」やその単純な「収支計算」が目的ではない。

　「国の年金減額」という、これまで予想していなかった問題の影響を計算して、それに対応する様々な問題への「解決策」を考えることです。

ご参考2　社員のための「国の年金減額下の生活設計」

「国の年金減額」は65歳以降の退職後だけの問題ではない。
それは「自分の年金」作りである程度対応出来る。

万一の場合の「遺族年金」、障害で働けなくなった時の「障害年金」も減額です。
特に「障害年金」への影響は受給期間が長いだけに大きい減額影響です。(D項参照)

「自分の年金」作りは、その分だけ収支負担は大きい。これも「持ち家計画」や「教育プラン」に影響するでしょう。

◎年金と生活設計の相談
- 公的年金の予測
  あなたが年金をいくらもらうかを試算
- 年金改正(2004)での減額
  どれだけ減額を試算
- 「国の支援」の利用
  制度の利用効果があるかを具体的に計算
- 退職時の準備額
  あなたが退職時どれだけ準備必要かを試算
- 子供の教育費
  教育費が退職準備に投資出来る資金を制約
- 持ち家プラン
  持ち家購入が退職準備に投資出来る資金を制約
- どれだけ投資出来る？
  あなたが確保必要な投資額を試算
- 退職時準備は大丈夫？
  あなたの投資基準を見付け出す
- 障害の場合の生活設計
  収入ゼロまたは大幅減額時の対策
- 万一の場合の生活設計
  リスクに備えて、遺族の生活保障

ご参考2　社員のための「国の年金減額下の生活設計」

「国の年金減額」に伴う様々な問題を工夫し、その結果を「生活設計」としてアドバイザーとともに検討し、一番いい方法を選択するのが「国の年金減額下の生活設計」です。これまで多くの人は経験したことのない問題です。

F．どれだけ投資出来る？「運用原資の増加」と「運用の工夫」へ

Aさんは自分の将来収支をみてみます。それは既にAさんの「生活設計」として用意されておりAさんはそれをスタートの「生活設計」として活用出来ます。

貴方の収入予測と「平均的生活費」の差額が、努力すれば「投資」出来る金額。配偶者の協力も大事

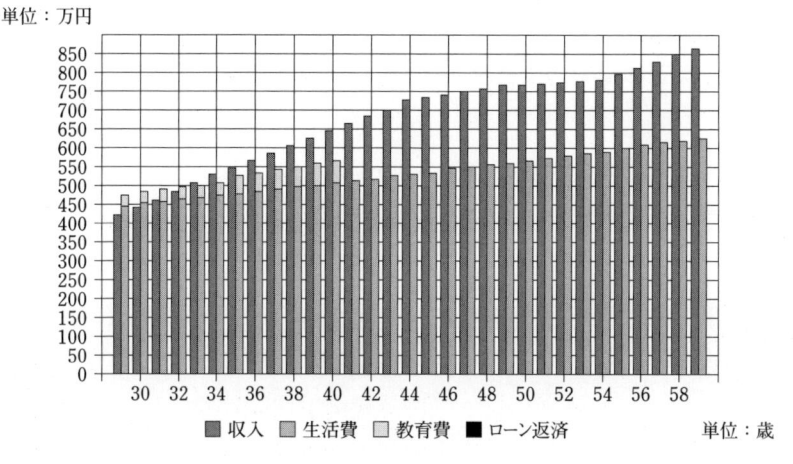

単位：万円

（グラフ：横軸 30〜58歳、縦軸 0〜850万円。凡例：収入、生活費、教育費、ローン返済）

単位：歳

| 毎月の平均投資可能額(今後5年間) 0.0万円／月 |
| 毎月の平均投資可能額(今後10年間) 0.3万円／月 |
| 毎月の平均投資可能額(退職年迄平均) 10.6万円／月 |

ご参考2　社員のための「国の年金減額下の生活設計」

　Aさんは絶望的です。今後10年間の毎月の投資可能額は僅か0.3万円です。

　折角の会社の制度ですが完全利用など到底出来ない。月3千円では最低の選択金額も無理です。

　しかし老齢年金の減額は25百万円です。(E項参照)

　この準備をどうするか具体的に考えるのが計画です。

　この計画はAさんだけの収支です。
　Aさんの配偶者の収支は合算されていない。Aさんの奥様も働いています。
　多くは望めないので月額10万円だけ奥様の収入を合算します。

　結果としての「投資可能額」は6.7万円です。
　Aさんは制度の完全利用が可能です。

　結果としてAさんの老齢年金減額25百万円への準備は可能の目処が立ちました。(本文第6章ご参照)

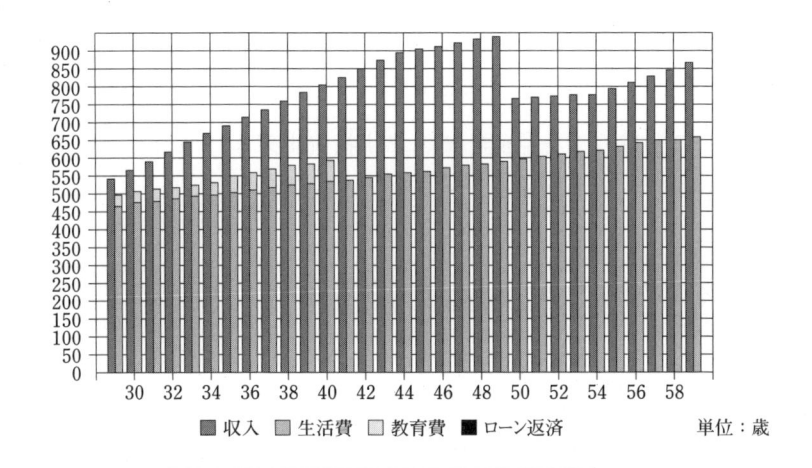

ご参考2　社員のための「国の年金減額下の生活設計」

[グラフ：横軸 30〜58歳、縦軸 0〜900、凡例：収入／生活費／教育費／ローン返済　単位：歳]

| 毎月の平均投資可能額(今後5年間) 6.7万円／月 |
| 毎月の平均投資可能額(今後10年間) 9.9万円／月 |
| 毎月の平均投資可能額(退職年迄平均) 16.9万円／月 |

投資可能額がマイナスの場合はライフプランの見直しをお勧めします。

　この計画は一例です。
　Aさんとアドバイザーが相談すれば様々なアイディアが浮かびます。これが現実にどのように役立つか？　これを計算して確認するのが「生活設計」です。

　将来の準備を用意する努力は「運用」をうまくやることではない。
　堅実なやり方がベストです。うまい話は必ずリスクがあり落とし穴が用意されています。

　「投資リスク」を負担することは出来ない。すべきではありません。

ご参考2　社員のための「国の年金減額下の生活設計」

退職後の準備は決してやりなおしが出来ないからです。

　大事なことは収支を見直して、まず投資出来る「原資を増やす」工夫（計画）と努力です。

　その努力を促すために工夫した具体的手法を「生活設計」として計算してみる。
　大きい効果がある。だから実行する。

　こうした真剣な努力が、努力して増加した「運用原資」を、本当に良く考えて運用する勉強と努力につながります。

　それも簡単なことではない。
　Aさんはこれまで給料はATMで現金を下ろしているだけ。証券会社のドアを開いたこともありません。

　しかし今度の会社が用意した制度は新しい運用商品の勉強も出来る。
　漠然とした「年金不安」。将来のことで本当はそれほど真剣に考えてもいなかった。

　しかし「年金不安」は努力すれば問題はなさそうだ。
　「知らないでる」ことは怖い。いろいろ勉強してみることが必要だというのがAさんです。

G. 「国の年金」減額下の保険の見直し。「生活設計サービス」として

民間の保険会社が提供する生命保険や障害保険は本来「国の年金」の補完商品です。

「国の年金」が万一の場合にそれぞれ遺族年金や障害年金を給付し、それぞれの場合の生活の基本を支えているからです。

問題は関係者にその意識が少ないことです。

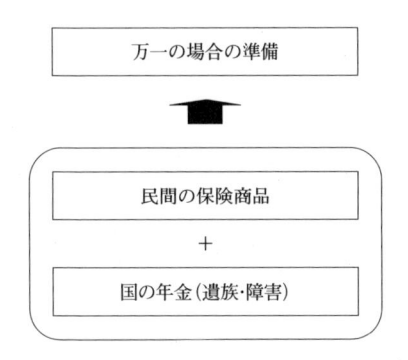

```
        ┌──────────────────┐
        │   万一の場合の準備   │
        └──────────────────┘
                 ▲
        ┌──────────────────┐
        │   民間の保険商品     │
        │        ＋          │
        │ 国の年金(遺族・障害) │
        └──────────────────┘
```

多くの場合民間の保険会社が提供する保険は、「国の年金」の補完としてでなく、単独で提供されます。

民間の保険会社は顧客が「国の年金」としてもらう遺族年金や障害年金がどれだけあるか知る努力をせず、また顧客自身も知らないので止むを得ない点もありますが、本来はおかしな仕組みであり、顧客は「国の年金」保険料と民間の保険料を2重負担している懸念

ご参考2　社員のための「国の年金減額下の生活設計」

もあります。

　今回「国の年金」としてもらう遺族年金や障害年金や減額になる機会にこの問題の見直しが、次の3項目について必要です。

　第1は「国の年金」そのものが大幅減少で、それぞれの場合における民間保険の必要額が本来は増加することです。その対応が「生活設計サービス」として必要です。

　民間の保険会社はこれまでそのような「総合サービス」をしていないので、「国の年金」が減るからという提案は難しいようです。
　現実はこの問題は顧客には実に大きい問題です。

　過去のやり方は別として「総合サービス」としての提案が大事になるでしょう。

　第2は「国の年金」の減額影響は万一の場合に支給される「遺族年金」と事故や病気で働けなくなった場合の生活を支える「障害年金」で大きく異なることです。

　「遺族年金」は配偶者が老齢年金をもらうまでの保証です。受給期間が「障害年金」に比べて比較的短い。そのため年金減額の影響が少ないようです。

　「障害年金」は本来「遺族年金」より受給する金額が大きい。受

給期間も長いのです。

　結果として「国の年金」減額の影響を大きく受けます。この対応が必要です。

◎　障害の場合

改正前

障害年金受給額予定	15.8 万円
月生活費	24.7 万円
介護費用（月額平均）	2.5 万円
教育費用（月額平均）	0.7 万円

　　　　　　　　　　　　　　　　　　　80歳までの不足累計

差引不足月額	12.1 万円	5,739.7 万円

　同じ計算条件で「国の年金」減額後で計算すると約2千万円の不足が増加します。

改正後

障害年金受給額予定	15.8 万円
月生活費	24.7 万円
介護費用（月額平均）	2.5 万円
教育費用（月額平均）	0.7 万円

　　　　　　　　　　　　　　　　　　　80歳までの不足累計

差引不足月額	12.1 万円	7,860.9 万円

　同じ考え方で遺族年金の減額影響を考えます。

　障害の場合に比べ影響は著しく少ない。同じAさんのケースで僅か500万円です。

　それは遺族年金の受給額そのものが老齢年金や障害年金に比べて

ご参考2　社員のための「国の年金減額下の生活設計」

少なく、受給期間も短いためです。

◎　万一の場合

改正前

遺族年金受給額予定	11.9 万円
月生活費	21.6 万円
教育費用（月額平均）	1.3 万円

　　　　　　　　　　　　　　　　　　　　　　　　　　　配偶者64歳までの不足累計

| 差引不足月額 | 11.0 万円 | 4,088.6 万円 |

改正後

遺族年金受給額予定	11.9 万円
月生活費	21.6 万円
教育費用（月額平均）	1.3 万円

　　　　　　　　　　　　　　　　　　　　　　　　　　　配偶者64歳までの不足累計

| 差引不足月額 | 11.0 万円 | 4,521.8 万円 |

第3は総合的な「生活設計」としての取り組みです。

保険の必要額は他に準備がない場合の必要額です。不足額をそのまま民間の保険の購入必要額と考える必要はない。

退職後準備のための運用原資を確保するには、配偶者が仮に月額10万円でも収入を得る工夫をしました。それで問題が解決しました。

ご参考 2　社員のための「国の年金減額下の生活設計」

むしろ家族の中心の収入がなくなったら全部「保険」と「遺族年金」で賄うという計画の方が不自然かもしれません。

これも計画です。実行するかどうかは別として計算してみます。

配偶者が、これからは努力して月15万円の収入を得る努力をします。

配偶者の手元に「へそくり」も500万円が預金としてある。これを計算します。

```
収入（配偶者）    月  15.0 万円    ボーナス   0 ヶ月      55 歳まで

  遺族年金受給額予定    11.9 万円
  月生活費              21.6 万円
  教育費用（月額平均）   2.6 万円
                                       配偶者64歳までの不足累計
  差引不足月額          12.2 万円        4,981.0 万円
  不足月額は今後1年間の  配偶者収入累計   2,452.5 万円
  収支を表示しています。 借入金を差し引いた現在の預貯金  500.0 万円
                                       これだけの保険契約は必要です
                 改正後    改正前        2,028.5 万円
```

結果として「万一の場合」の必要額が4,900万円から2,000万円になります。

それに対応して現在の保険契約を見直す。結果としてその余裕資金を退職後への準備に回す。これが総合的な「国の年金減額下の生活設計」としての保険の見直しです。

ご参考2　社員のための「国の年金減額下の生活設計」

H.　無税で用意出来る「自分の年金」と総合的な保険活用

　保険は「生活の安定」のためには大事な商品です。

　だからそれを提供する保険会社が繁盛して来ました。しかしここに来て大きな変化が起きています。

　第1は前項に述べたように「国の年金」減額で、民間保険で補完しなければならない必要が増えたことです。しかし社員にはもはや新しい保険を契約する余裕はない。

　第2は「国の年金」は減額になるが、その「補完策」として無税（社会保険料も賦課免除）の「自分の年金」が準備に加わることです。民間の保険商品は有税（言い換えればこの購入代金には所得税と社会保険料が賦課）であり、「自分の年金」は無税です。

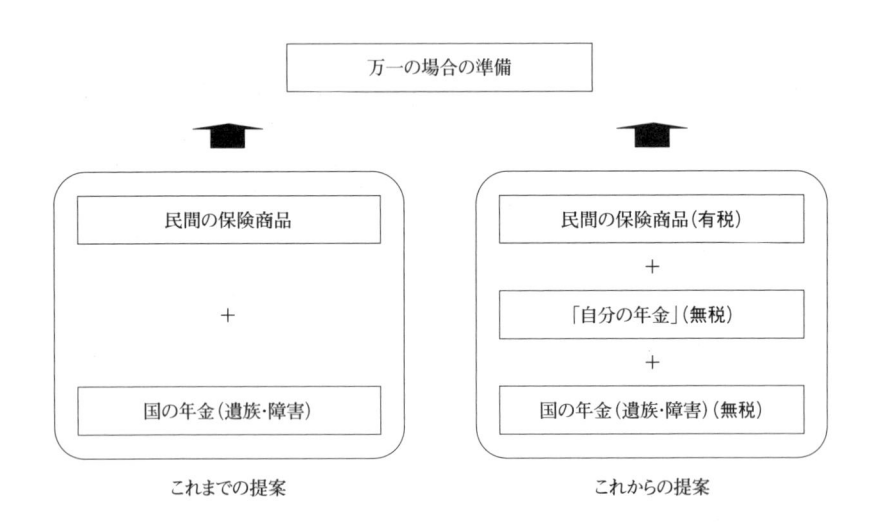

```
                   万一の場合の準備
                    ↑         ↑
        ┌─────────────┐   ┌─────────────┐
        │ 民間の保険商品 │   │民間の保険商品(有税)│
        └─────────────┘   └─────────────┘
              ＋                  ＋
                            ┌─────────────┐
                            │「自分の年金」(無税)│
                            └─────────────┘
                                  ＋
        ┌─────────────┐   ┌─────────────────┐
        │国の年金(遺族・障害)│   │国の年金(遺族・障害)(無税)│
        └─────────────┘   └─────────────────┘

          これまでの提案           これからの提案
```

これまでは有税の「民間の保険商品」しかない。選択肢がなかったのです。

　これに無税の商品が選択出来るようになった。圧倒的に無税の方が有利であり、これからはまずこの選択を薦めない商法は確実に「誠実なビジネス」とはいえなくなります。

　第3は結果として「総合的生活設計サービス」としての提案が必要になることです。

　「本当に保険で手当てしなければいけない必要額はいくらか？」を社員の立場で計算し、無駄な保険は見直し、本当に必要な保険を買う。アドバイザーの支援です。

　計算の考え方は以下です。
1.「遺族年金（または障害年金）」を減額予定分まで含め正しく計算。
2.「自分の年金」の準備分を毎年加算（無税で圧倒的に有利だから全額活用が前提）。
3. 配偶者が自分の老齢年金をもらう65歳までの必要額を毎年計算しなおす。
4. 配偶者も「万一の時」は月額10万円程度の収入を55歳まで予定こうした「総合的生活設計」で本当に必要な保険を手当てする。

　以下のような手順での毎年の計算が必要ですが5年毎の結論だけを表示します。

ご参考2　社員のための「国の年金減額下の生活設計」

Aさんの年齢と現在の家族構成

　　　　　　　　従業員コード　　AA005
　　　　　　　＊生年月日　　[19741215]（西暦YYYYMMDD、半角数字）
　　　　　　　　＊性別　　[男性▼]
　　　　　　　配偶者生年月日　　[19740328]（西暦YYYYMMDD、半角数字）
　　　　　　配偶者税法上の扶養　[要▼]
　　　　　　　　子1生年月日　　[20030402]（西暦YYYYMMDD、半角数字）

計画スタート時の条件

収入（配偶者）　　月　[10.0]万円　　　ボーナス　[0]ヶ月　　　[60]歳まで
生活費　　　　　　月　[21.6]万円　　現在の生活費を表示します。
　　　　　　　　　　　　　　　　　　万一の場合の生活費は現在生活費の7割で予測します。

現在お手持ちの金融資産を入力して下さい　　　　　　　　[500.0]万円
物価上昇率（1.00%）で将来の年金と生活費を計算しています
運用金利（2.0%）で毎年の不足額を現在価値に修正して合計しています

配偶者の年齢	35 歳	40	45	49
配偶者64歳迄の不足累計 A	4,978 万円	4,349	3,275	2,525
配偶者60歳迄の収入累計 B	2,014	1,277	884	537
預貯金＋「自分の年金」 C	500	800	1,100	1,340
差引保険必要額（A-B-C）	2,464	2,272	1,290	647

「自分の年金」は毎年60万円増加する計画

I. 「国の年金」を増やす繰り下げプラン

　アメリカは1977年から「年齢による雇用差別」を禁止しています。人間は誰でも70歳までは働く権利があるのです。

　日本は「生涯雇用」制度を維持するため、コストの高い社員を、可能な限り若年労働者に切り替える手法として「定年制」があり、55歳から60歳へ。そして現在は65歳に段階的に移行中です。

　「国の年金」もこれに対応して、60歳支給が原則の時代から、現

ご参考2　社員のための「国の年金減額下の生活設計」

在は65歳支給へ移行中です。65歳支給移行が完了すれば、70歳支給に確実に移行しますが、未だ70歳支給は例外方式で、65歳から受給を繰り下げれば毎年8.4％だけ年金を生涯増やすご褒美があります。

　別の見方であれば65歳からの5年間に年間165万円程度（次表例）合計825万円を納付すれば生涯にわたり年間約80万円の生涯年金が保証されるようなものです。

単位：万円

年齢	65	66	67	68	69	70	71	72	73	74
通常受給額	166	165	165	165	164	164	163	163	163	162
繰下受給額						232	232	231	231	230
得失比較	166	−331	−496	−660	−825	−756	−687	−619	−550	−482
年齢	75	76	77	78	79	80	81	82	83	84
通常受給額	162	161	161	161	160	160	159	159	159	158
繰下受給額	230	229	228	228	227	227	226	226	225	225
得失比較	−414	−347	−279	−212	−144	−77	−10	56	123	189
年齢	85	86	87	88	89	90	91	92	93	94
通常受給額	158	158	157	157	156	156	156	156	156	156
繰下受給額	224	224	223	223	222	221	221	221	221	221
得失比較	256	322	388	454	519	585	650	716	781	847

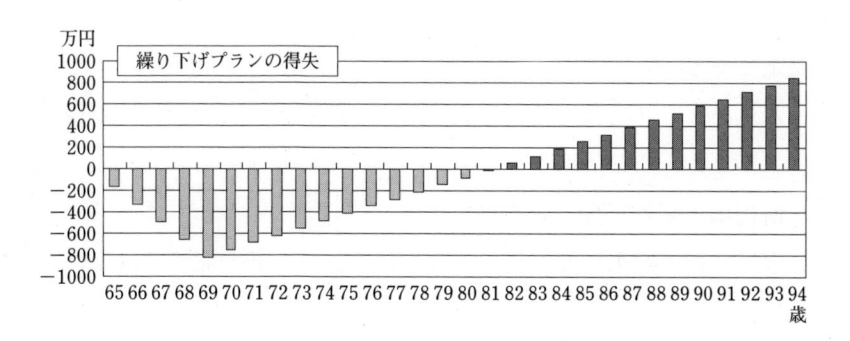

繰り下げプランの得失

その代償は10年間で回収出来ます。

それ以降は「長生き」すればそれだけどんどんプラスになる投資と考えても差し支えないでしょう。（前記例の得失比較）

この制度を本当に活用する人は少ない。それは65歳で退職後70歳までの収入の目処がないためです。

その対策が「自分の年金」です。「自分の年金」は有効です。70歳までカバー出来ればよい。

少子高齢社会は確実に「長生きのリスク」があります。

それに備える最高の投資は長生きする限り予定出来る「生涯年金」です。

J.　50歳代からの「セカンドライフ・プラン」。新しい21世紀へ

これまでの生活設計は「住宅プラン」が中心です。

生涯かかってマイホームを用意する。

大変大きな負担です。退職間際まで住宅ローンが残る。返済を退職金でやる。

こんなケースも稀ではありません。

前提は「国の年金」の充実です。

現役時代の収入の6割確保の約束はそれほど昔の記憶ではない。

100歳を超えるお年寄りも珍しくない。

ご参考2　社員のための「国の年金減額下の生活設計」

　仮に65歳で退職すると100歳まで、35年間。これまでの現役時代をもう一度繰り返すほどの「新しい収入のない生活」がほとんどの人に待っています。

「将来への不安」は現役時代より大きいでしょう。
　現役時代のように人生を相談する友人とも連絡は途絶えがちです。

　それに自信を持って頂くのが「50歳代からの生活設計」です。

```
◎ゆとりのセカンドライフ設計
　退職後も実質減額する公的年金
　　年金は将来の物価上昇に伴う減価
　50歳から間に合う実行プラン
　　対策を今日から実行
　ゆとりのセカンドライフを
　　長寿リスクに備えて、ゆとりの生活を目標
　公的年金受給資格を確認
　　受給資格を満たすことは前提
```

　それを準備するのが50歳からの10年間です。
　様々な「セカンドライフ」が想定出来ますが、「退職後プラン」と呼ぶのは相応しくない。「セカンドライフ・プラン」です。
　60歳までが「第1の人生」であれば、もうひとつの「人生」を生きるのです。

　少子・高齢社会の究極的解決策です。
　我々は本書の冒頭で65歳以上はすべて老年人口として経済活動

ご参考 2　社員のための「国の年金減額下の生活設計」

から退く「社会」を想定しました。それでは暗い 21 世紀です。

　60 歳以上の半数が「社会」に復帰する。新しい 21 世紀です。
　それを作るのが「セカンドライフ・プラン」です。その努力を「先送り」してはならない。
　今の努力が新しい 21 世紀を作ります。

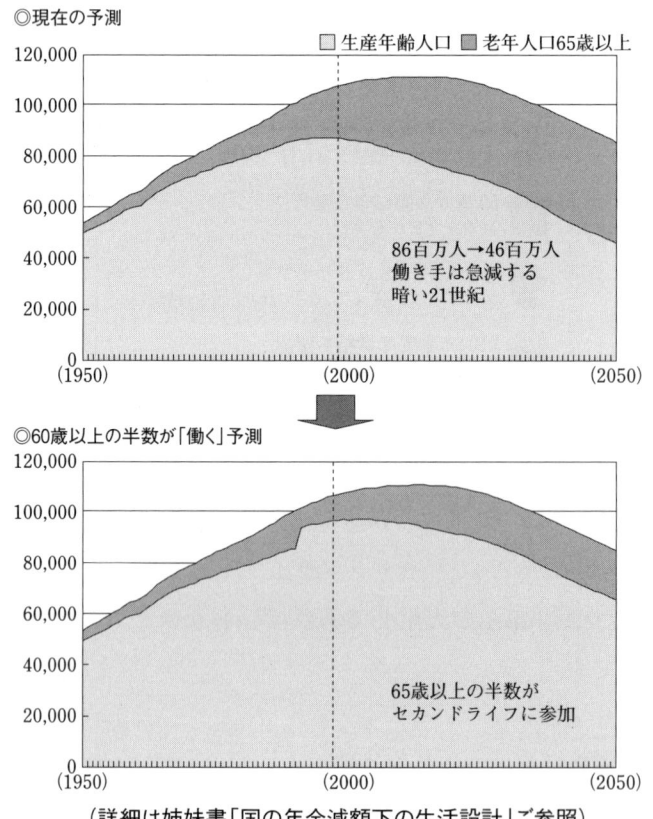

◎現在の予測
　　　　　　　　　　　　生産年齢人口　老年人口65歳以上

86百万人→46百万人
働き手は急減する
暗い21世紀

◎60歳以上の半数が「働く」予測

65歳以上の半数が
セカンドライフに参加

（詳細は姉妹書「国の年金減額下の生活設計」ご参照）

おわりに

　21世紀は大変な時代となります。

　2000年の退職給付会計基準の公表、そして翌年の確定拠出年金法の施行。我々がこれまで完全に放置し見逃して来た「退職給与引当金」廃止（2004年）。2011年に迫る適格退職年金の廃止への本格的対応。その背景となる2004年の「国の年金減額制度（マクロ経済スライド）」の導入。それぞれが我々に次代への真剣な対応を求めているものです。

　我々はそれに本当に対応してきたのか？
　対応しようとしているのか？

　残念ながらノーです。批判は類書に任せます。大事なことは実行です。

　2009年6月の世界最大の企業に働23万人の現役社員の努力を押しつぶした49万人の退職者負担で倒産したGMは、日本の明日を警告し、実行を促しています。日本の企業と国の制度は、総合してみればGMの仕組みそのものだからです。

　本書を出版の準備の間にもJALの企業年金半減の提案に退職者が反対のニュースが話題になっています。GMの日本版です。その帰趨は分かりませんが、受入れなければJALは確実に生き残れない。

おわりに

　日本の「国の年金」も半減を受け入れなければ年金制度そのものが倒壊することは確実です。その対策です。

　「自主努力」を促す401$_K$はアメリカに遅れること四半世紀。
　一番必要である中・小企業への普及はゼロに近いと言っても過言ではありません。普及の努力もされていません。

　確定拠出年金は新しい時代に求められる「企業制度」の受皿です。受皿を完全に活用し、21世紀の日本が必要とする、一連の法制度改正が求める、新しい「企業制度」の目的を明確に意識し、それを実現することです。それが「選択制退職準備給付制度」です。

　「自主努力」で社員が「自分の年金」を作る。それを実現するために「国の支援」をつなぐ新しい企業制度です。

　今実現しなければ確実に日本の明日は保障出来ないと考えます。中国、インドなどの元気な国が圧倒的な人口で確実に経済の主役となるからです。

　確定拠出年金は「自主努力」を促す制度です。

　日本の経済を支えるのは広範囲な中堅・中・小企業です。そのひとりひとりの社員が「自主的努力」をする。それが確実に日本の社会と経済を変えるでしょう。

これからの社会を変えるのは伝統的大企業でなく、ひとりひとりの自主努力です。

IT技術はそれを確実に可能にする社会です。

この制度導入で注目すべき成果のひとつは資金運用に責任を持つ目を中・小企業の社員にも作ることです。それが「自主努力」を促す制度です。

他人依存型社会から、自立型社会へ、世の中を確実に変える緒口になります。

新しい企業制度を実現するため我々の仲間がご提供する「業務代行サービス」がその小さな、小さな魁になれれば幸いです。

それを21世紀の日本のために念願しています。

一般社団法人選択制退職準備給付制度普及協会
　代表理事　久保国泰（公認会計士）
　代表理事　金井博基（税理士）（関西地区代表）
　代表理事　佐藤三男（社会保険労務士）
　　監事　　権藤龍光（弁護士）

■文責者のプロフィール

久保国泰（くぼ　くにやす）

1934年広島に生れる。
1956年東京大学経済学部卒。三菱銀行入行。1972年まで本部において融資・審査部門を担当する。
1972年公認会計士資格を取得、1972年岩崎寛弥氏らとともに情報開発室の創設に携わる。
ハーバード大学ビジネススクールに留学後、情報開発室室長に就任。その後、神保町支店長を経て1984年ダイエーに移籍し、同社顧問として活動。
ダイエーにおいて"生活者を豊かにする"という同社中内功社長の哲学を実践する研究に取り組む。その過程で、米国におけるFP（ファイナンシャル・プランニング）の発展に関心を持ち、研究を続ける。その理論を実践すべくFPの実践をサポートするソフトの開発に着手し、20年の努力を続け完成の域に達した。

ダメといわれた
日本版401Kが中・小企業を救う

2009年10月26日発行　　　　初版発行

文責者
久保国泰

発行・発売
創英社／三省堂書店
〒101-0051　東京都千代田区神田神保町1-1
Tel：03-3291-2295　Fax：03-3292-7687

制作　プログレス
印刷／製本　藤原印刷

©Kuniyasu Kubo, 2009　　　　Printed in Japan
ISBN978-4-88142-389-9 C2033
落丁、乱丁本はお取替えいたします。